578~1515

중세의 전쟁
378~1515

찰스 오만 지음
안유정 옮김·홍용진 감수

필요
한책

본서를 개정 및 수정하면서 많은 도움을 준 옥스퍼드 뉴 칼리지의 H. B. 조지 신부와 크라이스트 처치의 F. 요크 파월 씨에게 감사드리고 싶다.

*본서의 번역 저본은 찰스 윌리엄 채드윅 오만 저 『The Art of War in the Middle Ages』(1885)입니다.

*본문 내의 중제목들은 저자가 원서의 목차에서만 제시했던 중제목들을 편집자가 내용과 순서에 맞춰 배치한 것입니다.

*주석들 중 감수자의 주석은 ●, 편집자의 주석은 ◎으로 구분하였으며 별도의 표기가 없는 주석은 모두 저자의 주석입니다. 또한 저자 주석에서 ( ) 안에 부가적으로 설명되어 있는 내용은 대부분 이해를 돕기 위한 감수자와 편집자의 추가적인 주석이나, 편집의 번잡함을 줄이기 위해 별도의 집필자를 표기하지 않았습니다.

*명사의 표기는 되도록 명사가 해당되는 시대와 지역의 언어로 표기하고자 했습니다. 예를 들어 비잔티움 제국의 명사 표기에서 라틴어와 그리스어 표기가 혼용되는 이유는 7세기 중반을 기점으로 제국의 표준어가 라틴어에서 그리스어로 바뀌기에 7세기 중반 이전의 명사는 라틴어로, 그 이후의 명사는 그리스어로 표기했기 때문입니다.

*왕이나 군주의 경우는 생몰연대로, 그 외의 인물들은 이름 철자를 기재하여 구분 표기하였습니다. 기타 명사는 필요하다 싶은 경우 철자를 기재하였습니다.

*본서에서 사용된 서체는 순바탕체, KoPub돋움, KoPub바탕, KBIZ한마음명조, 함초롱바탕, 스포카 한산스, 본명조, 제주명조입니다.

서문

전쟁의 기술은 그동안 '그 어떤 지휘관이라도 적군을 최악의 상태로 무력화하는 방법'이라고 단순하게 정의되어 왔다. 덕분에 전쟁의 기술은 엄청나게 다양한 주제를 다루게 되었는데, 그중 전략과 전술이야말로 그 분야에서 가장 중요한 두 가지일 것이다. 여기에는 군율, 조직, 무장 이외에도 군인들의 신체 능력과 정신력을 효율적으로 증가시키기 위해 사용하는 모든 수단을 연구하는 일도 포함되어 있다. 따라서 어떤 저자가 '총사령관이 되기에 적절한 연령' 혹은 '보병의 평균 신장'[1]에 대한 저술 작업을 시작했다면, 순수하게 전술적인 추측에 집중한 전쟁의 기술만을 다루게 되는 것이다.

이 전쟁이라는 주제가 가진 복잡한 성질을 고려해 본다면, 특정 시기의 전쟁의 기술을 충분히 알아보기 위해서는 그 특정 시기가 언제든 그 시기에 대한 사회정치사적인 조망이 필요하다는 점은 명백하다. 전쟁의 기술은

---

1   베게티우스 『군사학 논고De re militari』와 마우리키우스 『스트라테기콘Stratêgikon』 참조.

화가 난 두 사람이 만나 힘의 이름으로 분쟁을 해결해야 했던 아주 먼 옛날
부터 기본적으로 존재해 왔다. 그러나 어떤 시대에는 군대의 역사와 사회적
역사가 다른 시기보다 훨씬 더 가까이 엮이기도 했다. 현 세기 들어 전쟁은
사람들이 살면서 겪는 에피소드에 지나지 않으나, 어떤 시대의 국가 조직은
갈등과 불화를 기본으로 하는 상황에 기반해 세워지기도 했다. 그러한 상황
에서는 민족의 역사와 '전쟁의 기술'에 관한 역사는 동의어였다. 예를 들어
스파르타 또는 고대 게르만의 국가 조직은 군사 조직의 목록 이상의 것을
보여주지 못 한다. 반대로, 그들의 군사학에는 그들의 정치 기관에 관한 내
용이 포함될 수밖에 없다.

그 어느 시대와 비교해 보아도 우리가 여기서 다루려는 시대만큼 핵심적
인 영역에서 군사적인 부분과 사회적인 부분이 완벽하게 상호 연관되어 있
었던 적은 없다. 봉건제도의 시작과 발전은 사회적인 측면 못지않게 군사적
인 측면을 가지고 있다. 그리고 봉건제도의 쇠퇴 역시 군사적인 고려에 따

른 것이었다. 중세 봉건제의 역사를 '전쟁의 최대 권력으로서의 중장기병의 등장, 패권 장악, 그리고 쇠퇴'의 관점에서 묘사할 수 있다고 보기도 한다. 이러한 관점의 논지를 살펴보는 것은 우리 연구의 일부를 구성하게 될 것이다. 그리고 그를 통해 우리는 중세 군사 기술의 역사가 전체 역사와 연결되는 지점을 모색할 것이다. 앞으로 우리가 살펴볼 전쟁의 과학적 역사에 대한 장은 아드리아노폴리스 전투에서 시작해 마리냐노 전투를 마지막으로 하는 중세 기병의 승전보가 울려퍼지는 시기에 놓여 있다.

목차

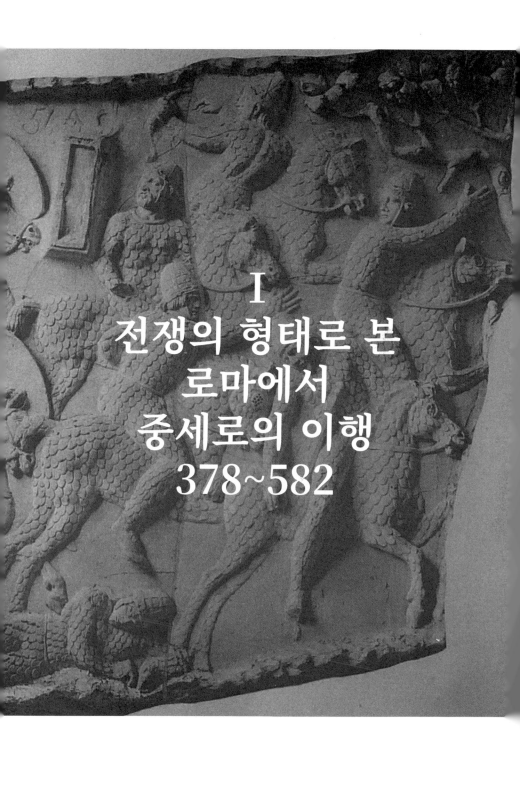

I
전쟁의 형태로 본
로마에서
중세로의 이행
378~582

4세기 중반과 6세기 후반 사이는 군사 역사에서 이행기에 속한다. 이행은 이질적이면서도 완전한 변화였다. 그리고 당대의 변화는 유럽의 정치사와 문명화가 새로운 길로 접어들기 시작한 변화이기도 했다. 모든 부분에서와 마찬가지로 전쟁에서도 고대 세계의 구성은 사라지면서, 스스로 발전한 것들의 새로운 질서가 나타났다.

레기오의 소멸

이행기에 나타난 거대한 충격은 영광의 대명사였던 '레기오'[1]가 서서히 쓸모없어지고 있다는 점이었다. 그동안 레기오는 로마의 모든 위대한 시기에 직접적으로 연결되어 있었다. 그러나 유스티니아누스 1세(483~565) 시기까지만 해도 제한적으로나마 받아들여졌던 로마 군단은 50년이 채 지나지 않아서 쓸모없는 존재가 되었다.[2] 이는 로

---

1   로마 군단을 가리킬 때 흔히 쓰이는 레기온Legion이라는 단어는 라틴어로는 원래 레기오Legio라고 한다. 프랑스어와 영어로 표기할 때 맨 뒤에 n을 붙이는데 이는 레기오의 격변화(legio, -nis)에서 파생된 것이다.●

2   마혼Mahon 경은 『벨리사리우스의 생애The Life Of Belisarius』(1848)에서, 유스티니아누스 치세에는 레기오가 완전히 잊혀졌다고 잘못 판단했다. 그러나 그 단어는 흔치는 않았을지언정 언급되기는 했으며, 프로코피우스는 자주 레기오 군단을 지칭해 호이 에크 톤 카탈로곤οἱ ἐκ τῶν καταλόγων이라고 부르기도 했다(Legio라는 말은 라틴어 동사 Legere(뽑다, 고르다)에 기원을 둔다. 즉 Legio의 직접적인 뜻은 '징집된 군대'다. 그리스어 '호이 에크 톤 카탈로곤'이라는 표현은 직역하면 '등록된 군대'라는 뜻으로 Legio와 동일한 의미인 '징집된 군대'를 의미한다).

마 군단의 군사적인 효용이 완전히 사라졌음을 보여주는 일이었다. 견고하지만 민첩했고 심지어 지휘하기도 쉬웠던, 그래서 힘과 유연함의 완벽한 조화를 이루었던 로마 군단이었지만 당시의 시대적 필요에는 부합하지 못했다. 단검과 짧은 투창의 시대는 기병이 든 장창과 활로 대체되기 시작했다. 전통적인 로마군은 그의 왼쪽 어깨 방향으로 방패를 바짝 붙이고 칼자루를 아래로 내려뜨린 채, 두텁게 밀집해 있는 적군의 창병 대열을 헤치면서 진격할 수 있었다. 혹은 켈트족이나 게르만족의 거친 선봉대 앞에서도 안정적으로 대열을 유지할 수 있었다. 그러나 이제 로마군은 더 이상 예전의 중장보병이 아니었다.[3] 로마 제국의 첫 황제였던 아우구스투스(B.C.63~14)와 트라야누스(56~117)가 확립했던 로마 군단 조직은 콘스탄티누스 1세(274~337)에 의해 폐기되었다. 그는 로마 군단이 300년 동안 로마인의 정체성을 유지해주었고 영광스러운 자부심의 대명사였으며 로마인을 하나로 묶는 영혼과도 같은 존재였음을 잊었다.[4]

---

3   타키투스Tacitus, 『연대기Annals』(110?~114?) 2권 21쪽 참조.

4   1세기의 구식 레기오는 3세기에 이르러 그 완전한 모양을 갖추었다. 강탈자 카라우시우스(? ~293, 제국의 서북부 지역을 지키는 일을 맡았던 군 사령관이었으나 비리를 저지른 게 발각되어 브리타니아로 도피한 후 그곳에서 스스로를 황제라 참칭했다)가 새겨진 브리타니아의 동전은 그의 휘하에 있던 여러 레기오가 클라우디우스 고티쿠스 황제(210~270) 치세 때 이미 잉글랜드와 갈리아 지방에 주둔했던 것을 기념하고 있다.

콘스탄티누스 황제의 조직 개편

콘스탄티누스 황제는 기존 로마 군단의 규모를 1/4로 줄이고 새로운 부대[5]를 다수 창설했으며 군사적 편의성이 아닌 정치적인 동기로 군을 움직이기 시작했다.[6] 기존 부대의 일반적인 성격과 무장은 변화되는 조직 안에서 살아남았다. 강력한 보병대Robur Peditum는 여전히 로마군에서 가장 중요하고 가장 많은 부분을 차지했다. 그러나 동시에 4세기 내내 기병을 강화하는 경향이 점진적으로 계속되었다. 기병의 중요성을 강조하는 느낌만 있었던 게 아니다. 로마군 전체에서 무장한 기병의 비율이 실제로 증가했다. 콘스탄티누스는 전쟁에서 기병이 점점 중요해지는 현실을 보았다. 그는 군단에서 중장보병을 보완하는 역할을 담당하던 투르마이Turmae[7]를 대규모의 독립적인 기병대로 재편하였다. 그리고 공격 위주의 전쟁 방식을 포기하고 제국의 속주를 보호하는 문제로 제국의 역할을 한정했다. 그렇다 보니 국경의 어떤 곳에서 발생한 위협을 해소하고 빠르게 국경의 다른 장소로 이동시킬 수 있는 군대의 필요성이 증가했다. 더구나 제국의 국경에 있던 게르만족은 로마 군단이 평소 가지는 거추장스러운 짐과 무기 관리의 번거로움에서 자유로웠다. 결과적으로 이러한 게르만족의 습격을 막기 위해서는 대규모의 기병대가 필요했다.

---

5 그에게는 100개의 비정규 부대 외에도 132개의 레기오와 누메리 Numeri라 불리는 이민족 동맹군이 있었다.

6 에드워드 기번, 『로마 제국 쇠망사』 2권(1781) 17쪽을 보라.

7 로마 군단 내의 기병대.◎

게르만족

그러나 기병이 보병보다 훨씬 더 강력한 무력으로 증가할 수 있었던 다른 이유도 있다. 더 이상 로마 군단의 보병은 로마 제국 초기에 적군을 압도했던 전장에서의 특출함을 유지할 수 없었다. 그 결과 로마 군단은 이전보다 더 많은 부분을 기병에 의존해야 했다. 콘스탄티누스 황제 시기의 프랑크족, 부르군트족, 그리고 알레만니족과 같은 게르만인들은 더 이상 1세기에 그랬던 것처럼 '투구나 갑옷도 없이 나뭇가지로 만든 약한 방패와 오직 창 한 자루에 의존해 전쟁을 하며'[8] 궁지에 몰린 상태로 전선에서 싸우던 반쪽짜리 군대가 아니었다. 게르만 군대는 이제 철로 감싼 둥근 방패, 창, 스크라마삭스Scramasax[9], 스파타Spatha[10], 프랑키스카Francisca로 무장했다. 게르만 병사가 이런 무기들을 휘두르거나 던지면 로마군의 갑옷을 찢거나 관통시킬 수 있었다. 백병전에서 사용되는 이 무기들은 로마군이 오래 전부터 사용했던 투창을 능가했다. 따라서 로마 제국의 보병대가 게르만족을 무찌르기란 이제 쉬운 일이 아니었다.

동시에 로마군은 과거처럼 사기충천한 상태가 아니었다. 로마군은 더 이상 동질한 구성원으로 구성된 집단이 아니었기 때문이다. 로마

---

8   타키투스 『연대기』 ii. 14쪽을 보라.

9   북유럽 작센족(색슨족)을 중심으로 사용됐던 외날 검. 당시 게르만어 발음을 정확하게 특정할 수 없고 무기들이 주로 쓰인 국적이 제각각이므로 당대의 국제어인 라틴어 발음 명칭으로 표기했다.◎

10   로마군이 사용한 직선형 장검.◎

시민 가운데 로마군에 자원입대하는 사람의 수가 줄어들어 군대를 유지하기에는 인력이 부족했기에, 로마군은 노예와 이민족의 입대를 허락했다. 이는 예비군 병력에만 해당하지 않고 정규군 병력에도 해당되는 일이었다.[11] 물론 이들은 용맹스럽기는 했지만, 4세기경의 로마군은 이전 시기 로마 군단 보병대가 가졌던 응집력과 의지를 잃었다.

장군은 군사 운용을 더 세심하게 해야 할 필요성이 생겼다. 이는 전략가 우르비키우스Urbicius가 했던 제안에서 여실히 드러난다. 그는 노새에 휴대용 기둥과 말뚝을 대량으로 실어 로마 군단 보병대에 방어구로 보급하자는 제안을 했다. 적 기병대가 아군 보병대를 공격할 가능성이 있을 때, 보병대 앞쪽에 휴대용 기둥과 말뚝을 땅에 심고 그 뒤에서 선제공격을 하지 않은 채 기다리는 작전이었다.[12] 이러한 제안은 로마 제국 보병대의 군사적 효율성이 얼마나 낙후되었는지를 보여주는 대표적인 사례다. 사실 앞선 시대의 로마 군단 또한 파르티아족[13], 사르마티아족[14]과의 전투에서 상대 카타프락토스[15]의 공격을 물리치기

---

11   로마군은 공세적인 전술을 완전히 버리게 되면서 병력의 증가가 필수적이었다. 전선 맨 앞에 있는 대열이 적으로부터 들어오는 모든 공격을 막아내야만 했기 때문이다. 따라서 콘스탄티누스 황제 시절에는 대규모의 징병과 자금이 필요했다. 그는 약 50만 명의 병력을 보유했던 것으로 전해진다.

12   『우르비키우스의 에피테데우마EPITHΔEYMA』(1598, 아리안판)을 보라.

13   아리안족의 한 부류로 이란의 북동쪽에서 제국을 형성했던 유목민족.◎

14   현재의 러시아 남부에 제국을 형성했던 아시아의 유목민족.◎

15   위 유목민족들이 기병뿐만 아니라 말에게까지 마갑을 씌워 운용했던 중장기병을 가리키는 그리스어. 카타프락토스와 같은 형태는 유목민족의 중장기병과 그에 대항하는 로마 제국 시기의 군대 역사 전반에 걸쳐 변용되며

위해 방어용 기둥과 말뚝을 사용했기에 익숙한 장비였지만, 그럼에도 불구하고 그들은 방어용 기둥과 말뚝 같은 방어 장비의 사용을 경멸했다.

아드리아노폴리스 전투

로마 군단 보병대의 전력이 약화되는 경향, 그리고 이로 인해 장군들이 보병대의 무장에 별로 신경 쓰지 않게 된 경향은 결정적인 대재앙으로 인해 무르익었다. 로마의 전쟁사가였던 암미아누스 마르켈리누스Ammianus Marcellinus는 아드리아노폴리스 전투를 칸나에 전투(B.C.216)[16]와 비교했다. 그는 아드리아노폴리스 전투에서 벌어진 로마군에 대한 대살육은 칸나에 전투 이후 로마군을 가장 고통스럽게 만든 패배였다고 표현했다. 여기서 동로마 제국의 발렌스 황제(328~378)는 그의 군대의 모든 지휘관들[17]과 40만 명에 이르는 병사들과 함께 전사했다. 동로마 제국의 군대는 실질적으로 전멸했고, 아드리아노폴리스 전투 이후 제국의 군대는 결코 이전과 같은 역할로 재

등장한다.◎

16　제2차 포에니 전쟁(B.C.218~B.C.202) 때 이탈리아 칸나에 평원에서 로마 공화정군과 카르타고군이 맞붙은 전투. 한니발 장군이 지휘하는 카르타고군은 이 전투에서 로마군을 압도적으로 패배시킴으로써 포위섬멸전의 교본을 마련했다는 평가를 받는다.◎

17　보병대와 기병대를 총 지휘한 사령관과 귀족, 그리고 각기 다른 부대를 지휘하던 45명의 지휘관을 포함한다.

편되지 못했다.

군사적 관점에서 아드리아노폴리스 전투가 중요한 의미를 지닌다는 점에는 의심의 여지가 없다. 아드리아노폴리스 전투는 보병에 대한 기병의 승리였다. 로마 제국의 군대는 고트족 군대의 진지를 향해 공격을 강화했다. 그리고 양측의 군대는 격렬하게 부딪쳤다. 그때 갑자기 거대한 기병대가 로마군 측면으로 쇄도했다. 이 기병대는 고트족 군대의 기병대 중 가장 핵심적인 주력 부대였다. 이 고트족의 주력 기병대는 로마군 보병대와 상당한 거리가 떨어진 곳에서 말을 먹이고 있었는데, 전투가 벌어졌다는 소식을 접하고 곧바로 달려온 것이다. 발렌스 황제의 로마군 전체 전열의 측면에 있던 두 부대는 밀려오는 고트족의 대규모 기병대를 막기 위해 혼신의 힘을 다했지만 짓밟혔다. 그리고 고트족 군대는 좌익의 로마군 보병대를 공격하며 쓸어버렸고 계속해서 중앙까지 무너뜨렸다. 로마군은 엄청난 충격을 받았고 혼란스러운 상태로 전열이 무너져 이리저리 흔들렸다. 다시 전열을 가다듬으려는 시도가 모두 실패했으며, 단 몇 분 만에 로마군 전열의 중앙과 예비 병력이 한데 뒤엉켰다. 로마군 근위대, 경무장 보병, 창병, 속주에서 온 파견 부대, 전열을 잡고 있던 보병대 모두가 강한 압박에 서로 밀착되었다. 로마군 기병대는 그날 전투에서 졌다는 현실을 깨닫고는 더 이상의 노력을 멈춘 채 포기했다. 그러자 버려진 보병대는 전투에서 그들이 처한 상황, 즉 다시 싸울 수도 도망갈 수도 없는 상황을 깨닫고 공포에 질렸다. 이는 과거 칸나에 전투에서 한 번 보았을 법한 장면, 그리고 이후에 루즈베크 전투(1382)[18]에서나 다시 볼 법한 광경

---

18   프랑스 왕 샤를 6세의 지원을 받은 플랑드르 백작 루이Louis 2세가 필

이었다. 로마군 병사들은 너무나 빽빽하게 몰려, 적을 공격하기 위해 손을 휘두를 수조차 없을 정도였다. 곳곳에서 창이 이쪽저쪽으로 흔들렸고, 창병은 창을 수직으로 들 수조차 없었다. 많은 병사들이 강한 압박에 질식했다. 고트족 기병대는 공포에 질린 무리에 들어가 무력한 적들을 창과 검으로 능숙하게 제압했다. 로마군의 2/3가 속절없이 당했고, 오른쪽 전열과 기병대를 따라 도망친 병사는 고작 수천 명에 지나지 않았다.[19]

아드리아노폴리스 전투는 그때까지만 해도 전쟁에서 지배적인 전력이었던 로마의 중장보병을 중장기병의 능력으로 대체할 수 있다는 사실을 보여준 최초의 대규모 승리였다. 고트족은 지금의 러시아 남부의 초원 지대에서 머무는 동안 기병이 중심이 되는 민족이 될 수 있었다. 이는 다른 모든 게르만족보다 앞선 현상이었다. 고트족은 현재의 우크라이나 지역의 영향을 받았는데, 이 지역은 스키타이족으로부터 시작해 타르타르족과 코사크족까지 면면히 이어져 오는 기병대 양성의 전통이 있었다. 그들은 땅 위에서 싸우는 것보다 말 위에서 싸우는 것이 훨씬 낫다는 점을 알게 되었고,[20] 모든 지도자는 말을 탄 남자들의 전쟁 공동체War-band를 이끌었다. 고트족은 자신들의 의지에 반하여 로마 제국과의 갈등 속으로 몰렸고, 전 세계를 오랫동안 공포로

리프 반 아르테벨데Philip van Artevelde가 이끄는 플랑드르 반란군을 격파한 전투. 많은 기병을 동원하여 적의 측면을 공격하여 승리했다는 점에서 아드리아노폴리스 전투와 공통점이 있다.◎

19   암미아누스 마르켈리누스가 언급한 엘 테브El Teb에서 벌어진 첫 번째 전투에서, 이집트군에 관한 내용 참조.

20   마우리키우스 황제의 『스트라테기콘Strategikon』(6세기 후반경) 6권.

몰아넣었던 로마 군대와 그들이 맞닥뜨린 것을 발견했다.[21] 충격적인 일이었지만, 그것은 아마도 전혀 예상치 못한 측면에서의 놀람이었으리라. 고트족은 그들의 튼튼한 창과 좋은 말 덕분에 자신들이 밀집한 로마 군단을 돌파할 수 있음을 알게 되었다. 고트족은 전쟁의 지배자가 되었고, 중세 시대 모든 기사들의 직계 조상이 되었으며, 앞으로 천 년 동안 계속될 전장에서의 기병이 가지는 지배적 우위가 시작되었음을 알렸다.

교훈을 받아들인 테오도시우스 황제

동로마 제국의 군대를 재조직하는 임무를 맡게 된 테오도시우스 황제(347~395)는 아드리아노폴리스 전투가 군사적으로 말하고 있는 바를 완벽하게 인정한 것으로 보였다. 테오도시우스 황제는 과거 로마의 낡은 전쟁 이론을 포기하면서 미래에는 기병대를 로마 제국의 군대에서 가장 중요한 부분으로 구성해야 한다고 결정했다. 그는 기병에 충분히 힘을 실어주면서, 군사 조직에서 4세기와 5세기가 연속성을 갖고 이어지지 않게끔 힘썼다. 콘스탄티누스 황제처럼 그는 새로운 부대를 등장시켰다. 동시에 테오도시우스는 모든 게르만족 지도자들을 대규모로 매수하는 일도 시작했다. 이 지도자들을 따르는 전쟁

---

21 훈족의 침공으로 인해 남하하게 된 고트족은 로마 제국의 허락을 얻어 제국 국경 지대에 정착촌을 건설하여 살게 된다. 그러나 정착촌의 관리를 맡은 제국 관리들의 착취가 고트족의 반발을 불러 일으켰고, 고트족 지도자들을 몰살시키려는 음모가 발각되면서 아드리아노폴리스 전투로까지 이어졌다.◎

공동체는 국가적인 군대로서 설립된 게 아니었다. 그들은 자신의 직속상관에게만 복종했고, 로마군의 규율은 따르지 않는 이방인이었다. 그러나 이 이방인 병사들이 제국 군사력의 가장 효율적인 부분으로 틀이 잡힌 이후부터 사실상 제국의 운명은 이들에게 맡겨지게 된다. 테오도시우스 황제 이후부터 게르만족 지도자들은 로마적 세계 질서를 유지하는 주체가 되었다. 그들이 그렇게 적극적인 역할을 맡은 이유는 포이데라티Foederati[22]의 사령관이라는 지위에서 벗어나기 위함이었다. 게르만족 지도자들은 단순히 로마 제국에서 주는 직위와 명예를 계속 유지하기 위해 충성을 바쳤다.[23]

베게티우스와 4세기 말 로마 군대

아드리아노폴리스 전투 이후 불과 6년이 지난 시점에 4만 명의 고트족, 그리고 다른 게르만족 기병대가 자신들의 지도자에게 복종하면서 동로마 제국 안에서 군사력을 제공했다. 동로마 제국의 기존 군대는 단번에 지위가 역전되었다. 동로마 제국의 장군들이 보기에 제국의 옛 군대는 군사적으로 열등했다. 동로마 제국 장군들의 이러한 결

---

22   동맹국.◎

23   대규모 전쟁의 승리 이후에 게르만족이 보인 이러한 경향은 의아할 수도 있으나 당시 로마 제국은 세계에서 가장 앞선 문명 중 하나였고 전쟁에서 졌어도 여전히 강력한 문화적 영향력을 갖고 있었다. 또한 아직 제대로 된 통일 국가로서 성립하지 못한 게르만족의 한계 또한 작용했다. 그래서 게르만족의 로마를 향한 열망과 인식은 전쟁 후 포이데라티의 형태로 나타난다.◎

론의 정당성은 몇 년 후에 확보되었다. 테오도시우스 황제의 게르만족 용병들이 자신의 황제에게 승리를 안겨준 것이다. 서로마 제국 황제의 제위를 찬탈했던 마그누스 막시무스(335?~388)와 그의 아들 빅토르(335~388)의 군대를 격파하는 두 번의 치열한 전투에서 테오도시우스의 게르만족 용병들은 승리했다. 두 전투 모두 서로마 제국의 보병대, 그것도 늘 최고의 보병대로 여겨졌던 갈리아 군단이 합법적인 정당성을 가진 동로마 제국 황제의 깃발을 따르는 게르만족 기병대에게 최종적으로 패배했다.[24]

베게티우스Publius Flavius Vegetius Renatus[25]의 저작은 이 시기 제국의 서쪽 속주에 있는 로마군의 상황을 자세하게 그리고 있다. 베게티우스의 논저[26]는 위대한 가치를 지녔다고 평가된다. 왜냐하면 전혀 다른 대상들을 동일한 용어로 지칭하는 방법으로 기원후 1세기의 군대 조직을 자기 시대의 것과 동일시하려는 태도를 멀리했기 때문이다. 베게티우스가 했던 발언들을 추론해 볼 때 그는 종종 자신이 살던 시대의 실제 군대 모습 대신 그가 상상했던 이상적인 군대의 형태를 제시했다고 여겨진다. 예를 들어 베게티우스의 저작에서 군단은 6천 명의 병사로 구성된다. 반면 우리는 4세기가 끝나갈 무렵[27]에는 1천5

---

24 후일 강탈자 에우게니우스 황제(?~394, 서로마 제국의 황제)의 군대가 테오도시우스 황제를 거의 패배시킬 뻔한 격렬한 전투를 보면, 서로마 제국의 최고 병력 또한 막시무스의 패배 후 고작 7년 만에 정규 보병이 아니라 아르보가스트(?~394, 프랑크족 장군)의 이민족 기병이 차지했음을 알 수 있다.

25 4세기로 추정되는 시기의 서로마 제국 군사학자이자 역사가.◎

26 『군사학 논고De re militari』(378-392 추정)◎

27 베게티우스가 생존했던 걸로 추정되는 시기.◎

백 명이 넘는 병사로 구성된 군단이 없었다는 사실을 알고 있다. 베게티우스의 저작은 발렌티니아누스라는 이름을 가졌던 황제 가운데 한 명에게 봉헌되었다. 아마도 발렌티니아누스 2세(375~392)로 짐작되며,[28] 5세기가 시작되기 전의 로마 군대 조직의 특징과 각 군대의 다양한 무장의 관계를 서술하고 있다.

베게티우스의 글은 우리에게 전통적인 로마 중장보병의 존재가 끝나는 시기에 관한 단서를 던져준다. 예상 가능하겠지만, 이 시대의 양상은 동쪽 지역에서 아드리아노폴리스 전투 이후에 나타난 비슷비슷한 변화와 정확히 일치한다. 이 전략가는 이렇게 말했다.

"로마시 건설부터[29] 그라티아누스 황제(359~383)의 통치 시대까지는 군대의 병사들이 투구와 흉갑Cuirass을 입었다. 그러나 군대의 사열을 잡는 일과 모의 전투를 자주하는 관행이 사라지면서, 병사들이 그러한 장비를 걸칠 일이 별로 없어졌고 자연히 기존의 무장을 무겁게 느끼기 시작했다. 그리하여 그들은 황제에게 처음으로 흉갑을 입지 않게 허락해 달라고 간청했고, 심지어 그 후에는 투구까지 벗게 해달라고 했다. 그러고는 무장을 하지 않은 채 야만인들과 싸우러 나갔다. 그것 때문에 여러 가지 재앙이 뒤따랐

---

28   단 『로마 제국 쇠망사』를 쓴 에드워드 기번은 발렌티니아누스 3세 (419~455)라고 추정했다.

29   원문에 쓰여진 'From the foundation of the city'라는 표현은 라틴어 'Ab urbe condita'를 의미한다. 이는 티투스 리비우스가 집필한 『로마사』 (B.C.27~B.C.9)의 라틴어 원제목이며 '로마시가 건설되었을 때부터'라는 뜻이다.●

지만, 보병들은 다시는 무장을 하지 않았다. 그리고 이제 투구도 없고 무장도 하지 않은, 게다가 방패까지 없는 (활과 방패를 동시에 쓸 수 없었기 때문이다) 로마 군인이 적과 싸우러 갈 때 어떻게 승리를 기대할 수 있겠는가?"[30]

종종 군인이라기보다는 수사학자로서의 자질을 보여주는 베게티우스는 이렇듯 보병들이 사용하는 장비의 변화상에 대해서 틀리게 진술하기도 했다. 기병이 훨씬 강력한 장비로 무장하기 시작했을 때, 보병들은 단순히 귀찮거나 무기력해서 그들처럼 무장하기를 거부한 게 아니다. 진정한 이유는 단순한 중장보병으로는 기병에 더 이상 맞설 수 없다는 절망감에, 던질 수 있는 무기로 관심을 돌린 것이다. 과거에 쓰던 무기를 버리고 던질 수 있는 무기를 사용함으로써 기병에게 더욱 효과적으로 맞설 수 있었기 때문이다. 이는 천 년 후 크레시 전투와 아쟁쿠르 전투에서 증명되었다. 베게티우스의 설명이 확연히 과장되었다는 사실은 그가 살던 시대 병사들의 체제를 열거하는 부분에서도 증명된다. 그는 가장 상위 계급이 방패, 투창, 흉갑을 가진 병사들로 이루어졌다고 했는데 현학적이게도 이 병사들을 프린키페스Principes[31]라고 불렀다. 두 번째 계급은 흉갑을 입고 장창까지 든 궁수라고 설명했다. 그러나 실상 군대의 절반은 완전히 갑옷을 벗은 채, 활 빼고는

---

30 베게티우스, book. i; ii. (15) and iii. (14).

31 프린키페스는 최고수장을 뜻하는 라틴어 프린켑스Princeps의 복수형으로 우리말로 번역하면 '최정예병' 정도로 번역할 수 있을 것이다. 프린켑스라는 표현은 로마 제정 첫 황제인 아우구스투스 황제가 되지만 아직 황제라는 표현을 안 쓰던 시절의 옥타비아누스에게 부여된 명칭이기도 하다.●

모든 무기를 포기한 상태였다.

베게티우스는 기병의 중요성이 빠르게 높아지고 있기는 하지만 아직은 동로마 제국에서와 같이 기병이 보병을 폭넓게 대체할 필요는 없다고 확신했다. 기병 없이 군대가 승리할 수는 없지만, 그리고 그들이 부대의 측면을 항상 보호해야 할 필요가 있지만 기병이 가장 효과적인 병력은 아니라고 추정한 것이다. 이는 분명 그가 전통적인 로마 군대 조직에 애착을 느껴서겠고 그 시기 군사적 경험에서 뒤쳐졌기 때문이기도 했다. 하지만 서로마 제국의 군대가 맞서야 했던 가장 강력한 적인 프랑크족과 알레만니족이—고트족과는 다르게—거의 다 보병이었던 점도 기억할 필요가 있겠다. 그래서 알라리크(370~410)[32]가 로마를 점령하기 전까지 로마는 고트족의 기병에 대해서 완전히 파악하지 못하고 있었다. 반면 콘스탄티노폴리스에서는 기병의 효율성을 이미 이해하여 어떻게든 기병을 육성하려 하고 있었다. 호노리우스 황제(384~423)[33]의 시대가 되자 고트족은 과거 그들이 발칸 반도에서 그랬듯, 이탈리아의 공포가 되어 있었다. 고트족의 창과 말은 다시 한번 자신의 위상을 확고히 했다. 스틸리코Flavius Stilicho 장군[34]의 지휘력, 재조직된 로마 군대의 숙련된 궁수와 창병 들, 부대의 측면을 감

---

32   서고트의 초대 왕으로 서로마 제국에 자주 침공을 감행했으며 410년에 게르만족 왕으로서는 최초로 로마 시내를 3일 동안 약탈하였다.◎

33   테오도시우스 1세의 둘째 아들로 로마가 동서로 분열된 후 서로마 제국의 첫 번째 황제가 됐다.◎

34   호노리우스의 후견인이며 서로마 제국의 군 총사령관이자 정치가. 알라리크에게 교섭과 전쟁을 번갈아서 구사하면서 통제하려고 노력했으나 되려 그런 전략에 의해 제국의 반역자로 몰려 암살당한다.◎

싸는 로마 태생 병사와 포이데라티 병사들로도 고트족 군대를 막기에는 역부족이었다. 이 점령자들은 몇 년 동안 이탈리아 반도를 전횡했다. 그들이 그곳에 흥미를 잃고 떠났을 즈음에는, 그들을 힘으로 능가할 만한 세력은 세상에 아무도 없었다.

고트족과 훈족

남유럽에서 보병이 사실상 사라졌던 시기에도, 보병은 존재하기는 했다. 그들은 군대의 핵심이나 강력한 역할은 아니었으나 다양한 목적으로 쓰였다. 예를 들어 마을을 수비하거나 산악 지역에 위치한 국가들을 운영하는 등의 일로 말이다. 로마 군대와 이민족은 모두 기병에 주력했다. 심지어 경보병이 할 만한 일도 기병에게 돌아갔다. 그래서 로마의 기병은 활까지 갖추게 되었고, 5세기에는 제국의 정예 군사력이 이들의 예전 적인 1세기경 활과 창으로 무장한 파르티아 기병의 군사력에 준하게 되었다. 활을 쏘는 기병들과 섞인 이 군대는 오직 창으로만 무장한 포이데라티의 중대와 함께 싸웠다. 플라비우스 아에티우스Flavius Aëtius[35]와 플라비우스 리키메르(?~472)[36]가 이끈 부대가 이에 속하며, 이들은 451년에 샬롱 평원에서 훈족과 대치했다.

---

35 서로마 제국의 장군으로 인망이 높았으며 아틸라가 이끄는 훈족의 서진을 저지했으나 황제 발렌티니아누스 3세의 음모에 의해 살해된다.◎

36 게르만족 부대에서 사령관을 지냈으며 이후 서로마 제국의 황제들을 자신의 꼭두각시로 만들고 실질적으로 서로마 제국을 통치한다.◎

훈족은 그 자체로 기병의 강력함을 보여주는 증거였다. 그들의 수, 이동 속도, 그리고 적들이 다가오지 못하도록 퍼부어대는 지속적인 화살 세례는 타의 추종을 불허했다. 전략적 측면에서 그들은 알프 아르슬란과 칭기즈칸, 그리고 티무르 군단의 원형이 되었다. 그러나 아틸라 왕(406?~453)이 게르만에 종속된 헤룰족, 게피다이족, 스키리족, 롬바르드족, 루기족 등 고트족과 인종과 전투 방식이 비슷한 민족들을 영입하면서 훈족과 게르만의 전투 방식이 섞였다. 그래서 샬롱 전투는 궁기병과 창병 대 궁기병과 창병의 대결이 되었다. 같은 무기를 가진 세력끼리의 충돌이 된 것이다. 아에티우스 장군의 프랑크족 동맹은 그때까지 전장에서 가장 중요한 무리였다. 전통적인 로마의 전략에 의해 이들은 가장 중앙에 위치했고, 한쪽 측면은 서고트족의 창병으로, 반대쪽 측면은 제국의 궁기병과 중장기병의 혼합으로 둘러싸였다. 이들은 승리했다. 우월한 전략 때문이 아닌 순전히 격렬한 전투에 의해서였다. 테오도릭 1세(390/393~451)[37]의 중장기병 군단이 훈족 정예군을 짓밟았을 때가 승세가 기운 결정적인 순간이었다.

동로마 제국의 군대

5세기의 모든 전쟁에서 군사적 의미를 상세히 알기 위해서는 로마 제국 군단에만 국한해서는 안 된다. 로마 군대 조직에 관해서는 몇 개의 단어로도 충분히 표현할 수 있을 것이다. 서로마 제국에서는 포이

---

37   서고트족의 왕으로 샬롱 전투에서 직접 지휘하다가 전사했다.◎

데라티 동맹 부족들이 제국을 지키는 유일한 세력이 되었다. 그들의 우두머리 중 한 명은 로마라는 이름이 주는 오래된 주술을 깨고 이탈리아 반도의 명실상부한 통치자가 되었다.[38] 동로마 제국에서는 정예 군대의 몰락이 이 정도로까지 치닫지는 않았다. 레오 1세(457~474)는 서로마 제국의 운명을 경계하면서, 포이데라티 동맹군에서 로마인들의 비율을 높이기로 결정했다. 그리고 그의 충복Benefactor인 고트족의 귀족 아스파르의 희생이 따르기는 했지만 자신의 목적을 묵묵히 끌고 나갔다. 제노 황제(474~491) 또한 레오 1세의 뒤를 이어 이 작업을 지속했다. 그는 이사우리아족이라는, 어느 정도 로마화된 소아시아의 산악 민족이 지닌 군사적 장점들을 수용한 첫 번째 황제로서 주목할 만한 역사적 인물이 되었다. 그들은 제국 수비대를 구성했을 뿐만 아니라 상당한 수의 새로운 부대도 세웠다. 제노는 또한 아르메니아인과 동로마 국경의 다른 민족들도 입대시켜 후계자인 아나스타시우스 1세(430?~518)에게 토착 군대에 의해 이민족적인 요소가 적절히 균형을 이루는 군대를 넘겨줬다.

가장 중요한 병사, 기병

따라서 유스티니아누스 1세(482?~565)의 사기충천한 군대는 크게

38　서로마 제국은 일반적으로 게르만족 용병대장 오도아케르Flavius Odoacer에 의해 황제 로물루스 아우구스툴루스(460?~476 이후)가 폐위된 때(476)를 제국의 멸망 시점으로 본다◎

외국인 대장이 거느린 보조 병력과 제국 정규군이라는 뚜렷하게 구분되는 두 요소들로 이루어졌다. 프로코피우스Procopius Caesariensis[39]가 쓴 자료는 이 두 군단 모두 기병이 가장 중요한 병력이었다는 점을 충분히 보여준다. 아시아 속주들의 경기병이 특히 그의 총애를 받았다. 로마의 기병들은 몸통과 팔다리를 가리는 쇠미늘 갑옷을 입었고, 오른쪽 어깨에 화살통을 매고 왼쪽에는 검을 찼으며 말을 타고 질주했다. 그들은 앞면, 측면, 후면을 향해 화살을 똑같이 용이하게 쏠 수 있었다. 기병을 엄호하기 위해 대열의 두 번째 줄에는 보조 병력인 롬바르드족이나 헤룰족, 게피다이족의 창으로 무장한 중장유격대가 배치되었다. 프로코피우스는 다음과 같이 서술했다.

"어떤 이들은 고대 로마에 대해 경이로움과 존경심을 가지면서, 현대적인 군사 체제에 대해 특별한 가치를 두지 않는 사람들이 있다. 그러나 가장 중대하고 두드러진 결과를 얻었던 것은 현대적인 군사 체제 덕분이었다."

사실상 6세기의 병사들은 그들이 도입한 기병을 이용해 세운 체제의 전략에 전적으로 만족했고, 확실한 우월감에 바탕하여 로마의 이전 보병 전술들을 바라보게 되었다.

유스티니아누스 황제의 군대와 그들의 성취는 모든 면에서 진정 찬

39 　유스티니아누스 1세 휘하의 장군이었던 벨리사리우스의 비서 겸 법률 고문이었던 역사학자. 벨리사리우스가 치른 전쟁들에 대해 기록하는 한편 유스티니아누스 황제와 벨리사리우스의 야사 등 제국의 어두운 이면을 그린 비사祕史를 남겨서도 유명하다.◎

사를 받아 마땅하다. 그들이 거둔 승리들은 스스로 얻은 것이며, 패배들은 대부분 황제의 참담한 정책에 기인했다. 황제는 지휘권을 여러 사람에게 분배하기를 고집했고 이로 인해 군사적인 복종은 지킬 수 있었지만 군사적 효율성을 잃고 말았다. 유스티니아누스 황제는 군사 조직이 중앙 권력에 대항하는 특출한 위협이 되었다는 점을 들어 변명하려 할지도 모른다. 게르만의 코미타투스Comitatus[40] 체제, 그리고 개개의 병사들과 개인적으로 엮인 지도자가 이끄는 전쟁 공동체 체제는 제국의 군대 안에 깊이 스며들었다. 그들은 포이데라티 중에서 늘 두드러졌고, 그들의 체제는 그들로부터 로마 정규군에게까지 퍼지게 되었다. 6세기의 군주들은 직속 사령관에 대한 병사들의 충성심이 너무 높아져 자신들에 대한 충성심보다 더 커지지 않을까 노심초사했다. 벨리사리우스Flavius Belisarius 장군[41], 심지어는 나르세스Narses 장군[42]까지도 항상 경호병의 엄호를 받았다. 장군들은 충성을 맹세하는 경호병을 직접 뽑았다. 전자의 경우에는 고트족과의 전투에서 승리했을 때만 하더라도 7천 명에 달하는 베테랑 기병을 경호병으로 거느리고 있었다. 이러한 막강한 군대의 존재는 모든 성공적인 사령관에게 발렌슈타인Wallenstein[43]이 될 수 있는 기회를 주었다. 상황이 이

---

40   종사제從士制.●

41   유스티니아누스 1세 밑에서 대 반달족 전투, 대 고트족 전투를 수행한 명장.◎

42   유스티니아누스 1세의 왕위를 위협했던 '니카의 반란' 때 그의 생명을 구했으며 벨리사리우스와 경쟁하며 고트족, 프랑크족과의 전쟁을 승리로 이끈 장군.◎

43   독일 30년 전쟁(1618~1648) 당시의 장군으로 황제군을 통솔하여 프로

러하므로 황제는 어느 한 장군이 우세해지는 일을 방지하고자 했다. 황제는 군대를 이끄는 장군과 불화가 있는 몇몇 사람들에게 힘을 실어주었는데, 이는 많은 경우 매우 재앙적인 결과를 초래했다. 병사들이 직속상관에게 갖는 인간적인 연대감으로 만들어진 반다Banda[44]로 구성된 제국 군대 조직은 6세기 군대의 특징이 되었다. 이러한 성향이 일반화되었음은 각 사단을 공식적 이름이 아니라 그의 직속 장군의 이름을 따서 부르는 관습에서 확인할 수 있다. 로마군의 이전 관습과 이토록 딴판인 것도 없었다.

지금까지의 논의에서 유추할 수 있듯 유스티니아누스 1세가 반달족, 페르시아족, 고트족과 벌인 전쟁에서 군대의 효율성은 거의 전적으로 뛰어난 기병에 달려 있었다. 그들과의 전쟁에서 그의 군대는 동로마 제국에서 왔건 게르만족에서 왔건, 모두 기병이 도입되어 있었다. 기병이 합류한 로마 군대는 우세했다. 각각의 경우에 이들은 적들의 무기와 전략에 비슷한 방법을 통해서뿐만 아니라 훨씬 더 다양한 무기로 맞설 수 있었기 때문이다. 페르시아군의 궁기병에 대항해서는 똑같은 무기를 장착한 경기병뿐만 아니라 포이데라티의 중창기병까지 보낼 수 있었다. 페르시아군의 궁기병과 로마군의 경기병이 맞서는 동안 중창기병들이 페르시아 군대를 무찔렀다. 고트족의 중창기병에 맞서기 위해서도 이 중창기병들을 보냈는데, 여기서는 이들을 엄호하는 궁기병에 대해서 고트족이 속수무책이었다. 그러나 로마 군대

테스탄트군을 꺾는 등 군사적으로 활약했으나 이후 반란을 위해 자신을 따르는 세력을 규합하다가 암살되었다.◎

44　이 게르만어 단어는 6세기에 와서야 완전히 받아들여지게 되었다.

가 다양한 구성 요소들을 운용하는 이점을 활용해 덕을 보았다고 하더라도, 다른 한편으로는 동질성의 부재로 인한 위협에 취약할 수밖에 없었다. 이들의 다양성은 오직 군사적인 자부심이나 몇몇 능력 있는 장군의 자신감에 의해서만 제어될 수 있었다. 따라서 유스티니아누스 1세의 통치가 끝나고 그의 후임자들이 통치하면서 다가온 어려운 시기에는 제국의 전체 군대 조직이 흔들리기 시작했다. 이 변화는 테오도시우스 1세가 가져왔던 엄청난 변화에 준했다. 582년, 개혁을 일군 황제 마우리키우스(539~602)가 즉위하게 되고, 그는 제국의 군대를 새 틀에서 재구성하게 된다.

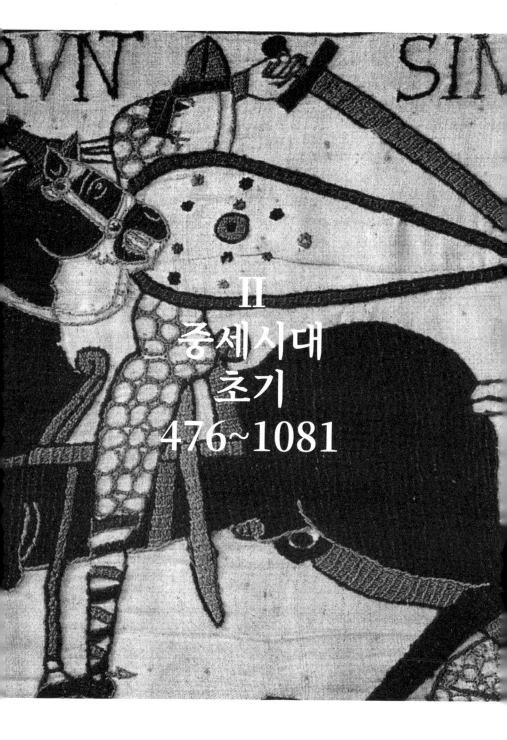

II
중세시대
초기
476~1081

당대를 설명하는 사료의 부족

로마 후기의 군사 전술에 대한 논의를 마치고 북유럽과 서유럽 국가들의 군사 전술을 알아보고자 하면, 그나마 파악이 가능한 로마의 전술에 비해 북유럽과 서유럽 국가들의 그것은 파악하기가 매우 어렵고 모호함을 깨닫게 된다. 로마 제국의 역사를 다룬 자료는 때때로 너무나 빈약하고 부족해 보인다. 그렇지만 게르만 계열 종족에 관한 자료는 아예 없는 경우가 많다. 우리가 가진 단편적인 전문성을 이용해 이라클리오스 황제(575~641)가 통치하던 동로마 제국이 수행한, 동방을 향한 군사 작전[45]이 갖는 군사적 중요성의 추측은 쉽지 않은 일이다. 그렇지만 부이예Vouillé 전투(507)[46]나 톨비악Tolbiac 전투, 배드버리Badbury 전투나 헤븐필드Heavenfield 전투에서 정확히 어떠한 군사적 요소들이 이 전투들을 종결시켰는지 알아내는 것은 아예 불가능하다. 암흑시대[47] 전쟁의 기술이 어느 정도 수준이었는지를 알아내려면 수도사의 연대기나 각 민족들의 서사시, 비잔티움 역사가들이 기술한

---

45   이라클리오스 황제는 전임 황제인 포카스(547~610)의 폭정으로 심각하게 부실해진 제국을 이끌며 부단한 군사적 준비 끝에 622년부터 페르시아 제국을 향한 공세를 감행했다. 그 결과 호스로 2세(570?~628)를 축출하고 잃어버렸던 동방의 영토를 대부분 수복하였다.◎

46   서고트 왕국 알라리크 2세(?~507)와 프랑크 왕국 클로비스(466~511)의 전투이며 알라리크 2세의 패배와 사망, 서고트 영토 잠식이 이뤄진다.●

47   서로마 제국 멸망 이후 10세기까지 사료가 많지 않은 기간을 지칭한다. 그리스사에서도 미케네 문명 이후 문자가 사라진 시기를 '암흑시대'라고 부른다. 여기서 암흑은 과거 시대가 아닌, 사료가 없어 보지 못하는 현재 역사가들의 상태를 뜻한다.●

간략한 언급들, 또는 채색된 수서본修書本에 담긴 희귀한 그림이나 전사의 무덤에서 발견된 유물의 잔해를 참고하는 수밖에 없다.

다행히도 이 시기에 나타난 몇몇 일반적 특징들 덕분에 당시의 군사적 역사 또한 비교적 단순해진다. 사람들이 전쟁에서 능숙한 작전이나 생각지 못했던 이점의 이용보다는 무작정 열심히 싸워서 목적을 달성하려 했던 시기에는 전략이라 부를 만한 내용이 거의 없기 때문이다. 당시의 전술은 다양한 인민들로 이루어진 민족 단위의 조직으로 정형화되었다. 중세 시대 초 몇 세기 동안 주된 관심사는 전쟁의 효율성을 위한 새로운 방식의 점진적 발전이었다. 이는 전쟁에서 주가 되는 군사 계급이 형성되도록 만들었고 과거 대부분의 민족들 사이에서 일반적이었던 무장 집합체로서의 군사 세력이 쇠퇴하도록 이끌었다. 이러한 변화는 곧바로 무기와 장비의 교체로 이어졌는데, 이는 전쟁의 모습을 획기적으로 변화시켰다. 이러한 과도기는 11세기경, 봉건 기사가 그 어떤 병력—동쪽으로는 마자르족의 궁기병에서부터 서쪽으로는 앵글·데인족의 도끼를 쓰는 병사에 이르기까지—과 비교해도 압도적인 우월성을 확립했을 때 마무리되었다고 본다. 헤이스팅스 전투(1066)는 보병으로 기병에게 맞서려 했던 3세기에 걸친 시도의 마지막 결과물이었다. 이 전투를 기점으로 그러한 시대는 막을 내린다.

6세기의 프랑크족

북서유럽의 게르만족 국가들은—고트족과 롬바르드족과는 달리—

전투에서 승리할 때 쇠사슬갑옷을 입은 기병의 덕을 많이 보지 않았다. 6세기와 7세기의 프랑크족과 색슨족은 여전히 보병 체제였다. 북부 독일과 슐레스비히의 황무지, 벨기에 지역의 황야와 습지는 우크라이나 지역의 초원과 다뉴브 계곡의 평지보다는 기병의 성장에 환경적으로 그리 우호적이지 않았던 듯싶다. 아폴리나리스 시도니우스 Apollinaris Sidonius[48]와 프로코피우스, 그리고 아가티아스Agathias[49]가 알려주듯, 프랑크족은 그들의 시감브리아 조상들과 현저히 유사한 모습을 지녔다. 프랑크족은 그의 조상들과 마찬가지로 투구와 갑옷을 장착하지 않았다. 하지만 방패는 1세기에 쓰였던 고리버들로 틀을 짠 방패에 비해 훨씬 더 효과적인 방어막이 되어 있었다. 그 방패는 가장자리에 돌기가 난 타원형의 커다랗고 튼튼한 철 방패였다. 프라메아 Framea[50]는 이제 앙곤Angon으로 대체되었다. 앙곤은 '너무 길지도 짧지도 않은 화살로, 창처럼 쥐거나 던져서 공격하는 무기'이다.[51] 머리 부분의 쇠는 손잡이 부분까지 확장되어 내려올 수 있었고, '목' 부분에는 두 개의 미늘이 박혀 있어 꽂히거나 관통된 방패에서 빼는 일이 거의 불가능하게끔 만들어져 있었다. 그러나 그들의 가장 훌륭한 무기는 자신들의 이름을 따서 명명한 프랑키스카였다. 프랑키스카는 한쪽에만 날이 있는데, 바깥쪽으로 둥근 날이 있고 안쪽으로는 깊게 패

---

48 주교이자 정치가로 당시 사료로서 높은 평가를 받는 서신들을 남겼다.◎

49 동로마 제국의 역사가.◎

50 좌우 대칭으로 예리한 날이 달린 장창.◎

51 아가티아스.

인 부분에 날이 있는, 머리 부분이 무거운 전투용 도끼다.[52] 이 무기의 중심은 무척 섬세하게 조정되어 있어서, 마치 아메리카 원주민이 쓰던 도끼처럼 적에게 던지는 용도로 쓰였다. 프랑크족은-적 방어선 안으로 들어가기 직전에-프랑키스카를 던지는 기술이 매우 뛰어났고, 그 유용성 덕분에 프랑키스카는 프랑크족이 가장 선호하는 무기가 되었다. 전사의 기본 장비로는 장검과 스크라마삭스가 있었으며, 마무리를 짓는 것은 과거에는 2.5피트[53] 길이의 양날 무기였지만 이제는 넓고 관통 가능한 날을 지닌 18인치[54]의 프랑키스카가 맡게 됐다.

카롤루스 대제의 군대

이러한 무기들은 테오데베르트 1세(503~547/548)[55], 부켈리누스와 로타리우스에 의해 6세기 중반 이탈리아에까지 이어지게 되었다.[56] 프로코피우스가 우리에게 알려주듯, 성이 없이 이름만으로 불린 이

---

52   라틴어로 양쪽을 의미하는 비펜니스Bipennis라고 불리기는 했지만 꼭 두 개의 날로 이루어진 것은 아니었고, 시간이 지나면서 단순히 '도끼'를 지칭하는 일반적인 단어가 되었다.

53   약 76.2센티미터. ◎

54   약 46센티미터. ◎

55   메로베우스조 프랑크 왕국의 왕으로 프랑크 왕으로선 처음으로 비잔티움 제국을 공격했다. ◎

56   부켈리누스와 로타리우스는 프랑크-알레만니족 영주들로 형제였으며 553년에 알프스를 넘어 이탈리아 반도 침공을 감행했다. ◎

군주들은 기병을 몰고 다녔다. 그러나 기병의 수는 그리 많지 않아서, 9만 명의 병력 중 단 몇 백 명에 지나지 않았다. 기병들은 장창과 버클러Buckler[57]를 장착했고 왕을 둥글게 에워싼 친위대 역할을 했다. 이들의 존재는 비록 프랑크족의 새로운 군사적 변화의 태동을 암시하긴 했지만, 그 적은 숫자 때문에 프랑크족 군대에서 아직까지 보병이 계속해서 우위를 점하고 있다는 사실을 증명할 뿐이었다.

이 역사가가 궁금해 했던 문제가 실제로 증명된 순간은 부켈리누스의 보병대가 554년의 카실리눔Casilinum 전투에서 나르세스 장군의 비잔티움 군대와 만났을 때였다.[58] 여기서는 제국 군대의 전술과 무장의 우월함이 모두 두드러졌다. 프랑크족은 두터운 일렬 종대를 형성하여 나르세스 장군이 배열한 반원 모양 전열의 중심으로 전진했다. 로마 보병과 헤룰리족의 보조 병력인 중장기병은 말에서 내려 프랑크족 군대와 맨 앞에서 대치했고, 궁기병은 측면에 바짝 붙어 있었다. 이 전투에서 로마 군대는 크라수스 장군(B.C.115~B.C.53)의 군대가 겪었던 운명을 이 프랑크족 군대에게 안겨줬다.[59] 부켈리누스의 병사들은 거의 빠져나가지 못했다. 보병의 시대는 갔고, 프랑크족은 이 세상에 남은 거의 마지막 보병이었다.

---

57   작고 둥근 모양의 방패로 방어뿐만 아니라 공격용으로서의 기능도 했다.◎

58   이 시점에서 로타리우스는 질병으로 사망하여 전력에 도움이 되지 못했다.◎

59   카이사르, 폼페이우스와 함께 로마의 제1차 삼두정치를 이끌었던 대부호 크라수스는 기원전 53년에 파르티아 원정을 나섰다가 기병 위주의 파르티아군에게 대패하고 사망한다.◎

따라서 6세기부터 9세기에 걸쳐 프랑크족의 군대에서 기병의 비율이 지속적으로 높아졌다는 사실은 그리 놀랍지 않다. 이에 맞춰 방어구의 도입도 늘었다. 문장이 새겨진 고전적인 형태의 투구가 그들 사이에서 흔하게 되었고, 얼마 지나지 않아 엉덩이까지 오는 긴 사슬갑옷이 도입되었다. 카롤루스 대제(742~814)는 팔과 허벅지를 가리는 갑옷으로 기병을 무장시켰다. "허벅지 바깥쪽은 철갑으로 둘러싸였다 coxarum exteriora in eo ferreis ambiebantur bracteolis."[60] 그러나 처음에는 많은 프랑크족 병사들이 말에 앉았을 때 말안장이 망가진다면서 이 갑옷을 장착하기를 거부했다.

투르 전투

프랑스 중서부 투르에서 꽤 많은 수의 기병이 카를 마르텔(714~741)[61]의 군대에 영입되었다. 그러나 그 시기의 일반적인 전술은 기병으로 이루어진 군대를 위한 게 아니었다. 프랑크족은 그 자리에 죽친 채 계속 기다렸다.[62] 사라센의 경기병이 이들을 향해 헛된 공격을 수없이 하다가 제풀에 지쳐버리면 그제서야 프랑크족은 전진했

60　존 휴이트John Hewitt가 저술한 『고대 유럽의 갑옷과 무기Ancient armour and weapons in Europe』(1855) 1권 8쪽을 보라.

61　메로베우스 왕조 프랑크 왕국의 궁재였으며 이베리아 반도로 침입해 들어오는 이슬람 세력을 격퇴하여 카롤루스 왕조의 기반을 닦아놓았다.◎

62　연대기 저자들은 이 장면을 라틴어로 '꽁꽁 얼어붙은 땅Terrae glacialiter adstricti'이라고 표현했다.

으며, 적들은 싸울 의지가 있을수록 이 일을 반복적으로 겪어야 했다.

카롤루스 대제의 시기가 되자 중요한 인물과 그를 따르는 사람들은 모두 말을 타게 되었다. 그러나 국가의 군대는 군주와 그를 보좌하는 관리, 귀족의 사적 수행원들과는 달리 보병 체제를 유지했다. 이는 백작들이 그의 군대에게 부여했던 무기의 목록을 보면 잘 알 수 있다. 칙령에서는 지역의 사령관들에게 '전투에 나가는 모든 병사들은 완전 무장이 필요하며, 창, 방패, 투구, 브루니아Brunia[63], 활, 활시위 두 개, 그리고 열두 개의 화살을 갖춰야 한다'[64]고 명시되어 있다. 프랑크족은 8세기 말 즈음에는 중장보병 체제가 되어가고 있었다. 그러다 9세기에는 예전 전술을 포기하고 기병에게 모든 중요한 작전들을 맡기게 됐다.

프랑크족 군대의 기병화

변화는 카롤루스 대머리왕(823~877) 때의 법에서부터 시작되었다고 볼 수 있다. 이는 '말을 소유하고 있거나 소유할 수 있는 프랑크인들은 동료들과 함께 적을 향해 돌진한다ut pagenses Franci qui caballos habent, aut habere possunt, cum suis comitibus in hostem pergant'라는 문장을 통해 알 수 있다.[65] 이미 존재하는 것을 단순히 인가해주든 새

---

63 쇠미늘 갑옷.◎

64 『법령집Capitularium』 발뤼즈Baluze판(1677), I. 508.

65 paganses Franci는 직역하면 '프랑크인 부농富農'이란 뜻이다. 부유한

로운 체제를 만들든 이러한 지시는 이 시기, 즉 국가의 방어가 오직 기병에게 맡겨진 시기의 두드러진 특징이 되었다. 이렇게 된 원인들 중 가장 중요한 부분은 프랑크족이 9세기와 10세기에 맞서야 했던 적들의 특징이었다. 서로마 제국에게 있어 북부 민족들과, 동로마 제국에게 있어서 마자르족은 제국을 침략하려는 기회만 엿보던 적들이었는데, 이들은 말을 이용한 재빠른 기동력이 장점이었다. 바이킹족은 침략한 나라에서 말을 탈취하여 영토를 누비는 풍습이 있었으며 기동력이 낮은 현지 군대를 늘 따돌렸다. 헝가리의 궁기병은 독일의 중심부를 습격하면서도 추적을 피하는 데 성공했다. 이러한 침략들을 방어하는 데 있어 보병은 완전히 무능했다. 상황은 마치 4세기의 로마인과 프랑크족이 방어를 할 때는 온전히 기병에 의지해야 했던 현상과 같았다.

봉건제의 부상

유럽의 군사사에서 이러한 위기는 카롤루스 왕조가 난파되면서[66] 중심 세력이 산산이 흩어지는 시기와 함께 나타났다. 국가적으로 조직화된 방어 세력이 없었기에 이 시기의 제국의 방어는 반쯤 독립한 영토의 백작들에 의해 이루어졌다. 지역의 지주들은 전쟁과 무정부 상

평민 정도로 이해하면 될 듯하다.●

66 카롤루스 대제 사후 프랑크 왕국은 자식들 간의 세력 다툼으로 분열된다.◎

태 사이에서 보호를 받기 위해 이 하찮은 백작들에게 '보살핌'을 받고자 했다. 동시에 가난한 자유인들도 같은 이유로 지주들에게 '보살핌'을 받고자 했다. 이에 따라 봉건제의 위계질서가 성립되었고 새로운 군사 시스템이 등장했다. 이 시기 백작이나 공작 들은 자신의 봉신들과 그들에게서 받은 공납금을 토대로 전투에 앞장섰다.

시스템은 정치적으로 보면 퇴보한 셈이지만 성공을 거둔 때도 있었다. 메르제베르크Merseberg(933)와 레흐펠트Lechfeld 전투(955)에서 마자르족은 격퇴당해 리스Lieth까지 밀려났고, 곧 기독교로 개종한 후 유럽 연방의 얌전한 일원이 되었다. 바이킹족은 약탈을 견제당하고 강어귀에 있는 요새에서 쫓겨났으며 노르망디 지역만 차지한 채 마침내 마자르족처럼 봉건 사회에 동화되었다.[67] 이러한 승리들을 가져다주고 유럽 대륙을 야만과 북쪽과 동쪽의 이교 문화에 다시 빠져들지 않도록 막아준 힘은 갑옷 입은 기병대였다. 만약 동시대인과 후계자가 이들을 평범한 전사로만 추켜세웠다면, 그리고 그 이상의 군사적 효율성에 대한 소구점이 없었다면 어떻게 됐을까? 400년 동안 봉건 기사도가 지속된 역사는 이들이 중세 시대 말까지 얻어낼 수 있었던 승리들 덕분이었다.

---

[67] 911년경 바이킹은 센 강 하구에 정착촌을 마련하고 서프랑크 왕국에 수 차례에 걸쳐 침공을 감행했다. 그러나 샤르트르 포위전(911)에서 패배한 후 서프랑크 왕국 왕 샤를 3세(879~929)와 바이킹 지도자 롤로(846~930?)가 맺은 생클레르쉬레프트 조약에 따라 노르망디 지역에 정착하게 된다.◎

앵글로색슨족과 그들의 전쟁

영국해협 너머, 섬나라에서의 전쟁의 역사는 대륙에서 벌어지는 일과 무척 흡사했다. 단 한 가지 다른 점이 있다면 마지막 발전 결과의 양상이었다. 프랑크족처럼 당시 앵글족과 색슨족들은 브리타니아를 정복했다. 보병 중심인 브리타니아의 군대는 재블린Javelin[68], 브로드소드Broadsword[69], 색스 혹은 찌르기용 단검, 그리고 때때로 전투용 도끼로 무장하기도 했다.[70] 그들의 방어 무기는 거의 전적으로 라운드워보드War-board라고 불리는, 커다란 철제 보스Boss[71]가 달린 방패였다. 역사적 자료들이 일관적으로 보여주듯, 고리 갑옷Ring Mail[72]의 존재는 이 종족들이 아주 오래 전부터 알고는 있었지만, 쓰임은 매우 적었다. 베오울프[73]가 장착했던 회색 워사크War-sark나 고리사슬갑옷 Ring-locked Byrnie은 오직 왕이나 귀족만이 구할 수 있었다. '멧돼지 문양이 새겨진 철로 만든' 투구[74] 역시 매우 한정적으로 쓰였다. 군주와 그들의 시종 무사들은 이러한 장비를 장착했을지 모르나, 앵글로

---

68 투척용으로 적합한 긴 창.◎

69 날이 넓은 검.◎

70 프랑키스카는 짧은 무기로, 나중에 국가적 무기가 된 긴 길이의 데인식 도끼와는 다르다.

71 방패 중심의 돌출부.◎

72 금속 고리들을 가죽이나 금속 끈으로 가죽 바탕에 연결시킨 갑옷.◎

73 고대 영어로 쓰여진 영문학 최초의 서사시로 8세기 말~11세기 초에 만들어진 걸로 알려져 있는 『베오울프』의 주인공.◎

74 베오울프가 썼던 투구.◎

색슨 7왕국[75]을 지키는 군대에는 이러한 장비들이 아예 없었다.

몇 세기 동안 그들만의 섬나라에서 침략당하지 않고 지냈기 때문에, 잉글랜드는 게르만의 옛 전쟁 관습을 유럽의 다른 나라들보다 더 오랫동안 유지했다. 머시아Mercia[76]와 웨식스Wessex가 다투고 있을 때, 급히 성장한 여러 지역의 세력들은 각각의 고위 관리와 지방 행정관 들을 필두로 하여 각개 전투를 펼치고 있었다. 따라서 이 시기의 전쟁은 이러한 군대들의 임시적인 특성에 따라 돌발적이고 지속성 없는 양상을 띠게 되었다. 군대 조직이 너무나 허약했기 때문에 꾸준하고 점진적인 점령 전략의 전개는 사실상 불가능했다. 따라서 많은 왕국들의 난투는 비록 격렬하고 끊임없이 일어나기는 했는데 이렇다 할 결과까지는 낼 수가 없었다. 9세기가 되자 웨식스를 중심으로 잉글랜드가 점차적으로 통일되려는 기미를 보이기 시작했지만, 이것은 웨식스가 군사적으로 우월해서가 아니라 다른 국가들의 왕실의 패망과 불운한 내부 사정 때문이었다.

데인족과 퓌르드

내부에서 통일을 향해 가는 경향이 점차 생겨나고 있는 와중에, 이 섬은 외세 침입의 압박을 받게 됐다. 그것은 프랑크족의 제국들을 토

---

75 5세기부터 10세기 초에 이르는 동안 일곱 개의 국가로 나뉘어진 앵글로색슨족 시기의 잉글랜드를 가리킨다.◎

76 앵글로색슨 왕국에서 섬의 중앙과 남부를 지배했던 나라.◎

대부터 흔들었던 것과 같은 종류의 압박이었다. 데인족이 잉글랜드까지 내려왔고, 그들이 가한 몇 번의 급습에 타격을 입은 사람들은 게르만족의 오래된 군사 시스템으로는 이제 충분치 않은 현실을 깨닫게 되었다. 바이킹은 이들이 맞선 어떤 세력보다도 전략, 무장, 훈련, 기동력 등 모든 면에서 우월했다. 데인족은 막 쟁기로 밭을 가는 일을 시작한 농부부터 정규군에 맞섰던 베테랑 용병들까지 포함하는 오래된 전쟁 공동체의 일원들로 이루어졌다. 전문적인 전사로서, 그들은 잉글랜드 군대의 수장들만이 가질 수 있는 장비를 갖추었다. 방어용 장비로서 버니Byrnie[77]는 특별할 때뿐 아니라 늘 갖춰 입었고, 철모는 거의 모두가 쓰고 있었다. 반면 퓌르드Fyrd[78]의 장비는 빈약했고, 창과 검은 곤봉과 돌도끼 등의 허접한 무기들과 뒤섞여 있었다.[79] 만약 데인족이 그들에게 합류시킬 지역 차출군을 기다리는 관행에 익숙해 있었다면 퓌르드의 용맹과 수적 우세가 데인족 장비들의 이점을 능가했을 수 있다. 하지만 바이킹은 전투보다는 약탈에 더 관심이 있었다. 그들은 잉글랜드의 몇몇 해안가 지역을 약탈하는 데 주력했고 그곳에서 말을 공급받았다.[80] 이후에 육지의 이곳저곳을 누비고 다니며 잉글랜드의 군사력에 타격을 주었다. 그들이 말을 약탈해 쓰는 덕분에 퓌르드는 그들의 움직임을 당해낼 수가 없었다. 약탈이 발생한 지역의

---

77 사슬갑옷.◎

78 앵글로색슨족의 자유 농민 부족군.◎

79 만약 이 무기들이 헤이스팅스 전투를 연구하는 노르만 연대기 작가들이 말하듯 '돌이 박힌 막대lignis imposita saxa'라는 잉글랜드 무기였다면 말이다.

80 866년 이전 『앵글로색슨 연대기』 중 여러 부분에 기재.

군인들이 데인족 군대가 출몰한 곳에 도착하면 그 침략자들은 벌써 사라진 상태였고 오직 자욱한 연기와 파괴된 잔해만 볼 수 있을 뿐이었다. 데인족은 바닷가 만Bay으로 몰릴 때면-보통 이들은 일찌감치 도망가기는 했지만 이런 경우도 가끔은 있었다-참호를 이용한 본능적인 전략으로 맞섰으며 잉글랜드인들은 이 문제를 해결하는 일에 익숙하지 않았다. 침입자들은 자신들이 우위를 점할 수 있는 위치에서 배수로와 말뚝 울타리를 쳐놓고 퓌르드 군대가 뿔뿔이 흩어져 집으로 돌아갈 때까지 몇 달 동안이나 버티곤 했다.

이러한 위치에서 받는 공격에는 두려울 게 없었다. 그들의 도끼병은 잉글랜드 군대가 가하는 기습적인 공격을 늘 막아냈다. 레딩Reading은 에탄던Ethandun[81]에 비해 그러한 양상이 더 확실한 전장이었다. 그곳에는 참호에 성공적인 공격을 한 번 가하면 그 두 배의 피해가 일어나는 현실이 벌어지고 있었다.

세인의 군사적 중요성

30년에 걸친 재난은 오래된 국가 군사 조직의 운명에 종지부를 찍었다. 데인족의 조직적인 군대에 대항하려면 퓌르드보다 더 나은 무언가가 필요했다. 침공으로 인해 유발된 잉글랜드에서의 사회적 결과는 우리가 일찍이 목격했듯, 프랑크 제국에서의 그것과 흡사했다. 앵글로색슨족의 최하층 자유민인 차지借地 자유인은 근처의 지주에게

---

81   현재의 에딩턴Edington.◎

'보살핌'를 받았다. 이러한 '보살핌'을 부여하게 된 세인Thegn은 국가의 방어를 책임지게 되었다. 잉글랜드에서 왕의 권력은 해협 건너 국가들에 비해 더 강했기 때문에 이러한 새로운 시스템이 바로 봉건제로 이어지지는 않았다. 되려 이러한 변화의 결과로, 세인 세력을 두려워하기보다는 이용할 수 있다고 판단한 알프레드 대왕(848?~901?)[82]과 대大 에드워드 왕(874?~924)[83]은 그들을 새로운 군사 조직의 바탕으로 삼았다.

이에 따라 다섯 개 이상의 하이드Hide[84]를 가진 모든 지주는 세인에 준하게 되었고, 이는 국가 군대의 영구적인 토대를 이루게 되었다. 그리고 이렇게 얻은 군대를 보충하기 위해 퓌르드를 두 부분으로 나누어, 한 부분은 상시 동원이 가능하게 만들었다. 이러한 조정은 최상의 결과를 가져왔다. 전쟁의 흐름이 바뀌었고 잉글랜드는 자신의 땅을 되찾았다. 이는 10세기 브루넌부르Brunanburh 전투(937)에서 정점을 찍을 때까지 지속되었다. 프랑크족의 귀족과 비슷한 위치의 군인이었던 세인은 이때쯤 전쟁을 이끌어나가는 세력이 되었다. 이 '선택된 군인들로 이루어진 군대'는 사슬갑옷과 철모로 무장하고 검과 길고 뾰족한 방패를 들었다. 이들은 데인족의 도끼병들과 맞서 싸울 준비가 되

---

82 웨식스의 왕으로 데인족의 침략을 막아내면서 행정조직 개편과 법전의 편집 등 각종 개혁들을 성공적으로 단행하여 뛰어난 군주로 인정받았다.◎

83 알프레드 대왕의 맏아들이었으며 데인족의 침략을 막으며 영토 확장을 꾀했다.◎

84 과거 잉글랜드에서 60~120에이커(현대 개념으로는 30에이커~60에이커, 약 12만 제곱미터~24만 제곱미터 정도)의 땅.◎

어 있었다. 그러나 기억해야 할 것은 당시 데인로Danelaw[85] 시행 지역에서 침략자와의 분쟁이 해결되면서, 잉글랜드 군대가 겪는 군사적 문제가 매우 단순화되었다는 점이다. 데인로가 시행되면서 잉글랜드에 정착한 데인족은 이제 자신들이 사는 마을과 주택에 누군가가 불을 지르거나 공격할까 봐 무척 긴장했다. 이들은 본래 주로 바다에서 활동하던 약탈자였기 때문에 그런 걱정을 떠올리는 것은 당연한 일이었다. 여기서 우리는 예전에 데인족이 에드워드 왕의 선임자들에게 대항해 이용했던 요새화된 진지Fortified Positions 시스템을, 이제 에드워드 왕이 데인족을 통제하는 데 활용하기 시작했음에 주목할 만하다. 사실상 그가 데인족에 의한 새 자치구들Burgh에 설치한 방책은 다섯 개 지역[86] 귀족들의 상속자들을 감시하기 위한 것이었고, 왕과 그의 군대는 다른 구역들의 정찰에 집중했다.

하우스칼

1세기쯤 지나자 알프레드 대왕이 행한 군사 개혁은 프랑크족의 왕국을 갈라놓았던 봉건제에의 위협을 잉글랜드에서도 느끼게 만들었다. 에설레드 2세(966?~1016)의 치세에서 고위 왕실 관리의 지

---

85 데인족이 점령한 잉글랜드 북동부에서 시행된 법률로 데인족의 부분 정착과 잉글랜드와의 상호교류 등을 내용으로 한다.◎

86 데인로 시행 지역으로서 요새화되어 특히 중요하게 여겨졌던 잉글랜드 중부에 위치한 더비, 레스터, 링컨, 노팅햄, 스탬퍼드를 가리킨다.◎

위는 카롤루스 뚱보왕(839~888)[87] 시대 귀족들의 그것에 상응했다. 이들은 공무원의 지위에 있다가 소소한 지역 군주의 자리로 옮겨가곤 했다. 이들의 부상은 전쟁에 동원되는 중앙 군사 조직의 쇠퇴로 인해 두드러진다. 그리고 데인족의 침입이 다시 시작됐을 때, 이러한 작은 통치자들의 군대는 이웃 지역의 도움을 받지 못한 채 각각 홀로 싸우다 패배한 것으로 보인다. 잉글랜드는 그렇게 크누트 대왕(995?~1035)[88]이 정복함으로써 프랑스와 같은 운명으로부터 구해질수 있었다.[89] 이 새로운 군주는 지방 총독들의 지위를 예전처럼 왕의 의사를 대표하는 지위로 격하한 일 외에도 근위병인 하우스칼House-carls을 둠으로써 자신의 지위를 강화했다. 그들은 단순한 황실의 친위대라기보다는 작은 규모의 상비군이라고 볼 수 있을 정도로 충분한 능력을 가진 세력이었다.

이 병력은 강력한 중앙 집권 정부가 존재한다는 가장 특징적인 표식일 뿐만 아니라 앵글로–데인족 세계에서 찾을 수 있는 군사적 효율성

87 동프랑크 왕국의 왕으로 제위에 올라 카롤루스 대제 사후 분열됐던 프랑크 왕국을 잠시 통합하지만 측근들 사이의 정쟁을 통제하지 못하는 등 정치적으로 무능했다. 더구나 곳곳에서 노략질을 일삼던 노르만족을 그에게 반기를 든 부르고뉴로 향하도록 회유하는 방법을 써서 서프랑크 왕국의 인망을 잃는다. 결국 큰형 카를로만의 아들 아르눌프의 봉기로 인해 폐위된다.◎

88 잉글랜드, 덴마크, 노르웨이를 아우르는 앵글로-스칸디나비아 제국을 구축한 데인족의 왕. 정복 후 민족 간 융합을 적극적으로 추구하여 제국의 존속을 지향하고자 노력했으나 그의 사망 후 제국은 곧 와해된다.◎

89 카롤루스 왕조는 봉신 관계를 활용하여 효율적인 국가 체계를 구축했으나 귀족들의 세력이 커지면서 나타난 지역 권력의 분화로 왕국의 불안정이 일어났다고 평가된다.◎

의 최대치를 상징하기도 했다. 이들의 무기와 전술은 이들이 예전에 오랫동안 맞서야 했던 유럽 대륙의 봉건 귀족 사회의 그것과는 완전히 달랐다. 이들이 든 데인식 전투 도끼는 자루가 5피트[90]에 달했고 엄청난 크기의 외날 머리가 달려 있었다. 이는 말 위에서 휘두르기에는 너무 크고 무거웠고, 육박전에서는 두 손으로 휘둘러야 했기 때문에 방패를 들 수 없었다.[91]

대신 이 무기가 가할 수 있는 충격은 어마어마했다. 어떤 방패나 갑옷도 이를 당해내지 못했다. 이 무기는 심지어 헤이스팅스 전투에서 볼 수 있듯, 일격에 말의 머리를 날려 버릴 수 있을 정도였다. 또한 그들만의 방어구를 장착한 하우스칼은 해협 너머 국가의 기사와 다르지 않았다. 그들은 허벅지 아래까지 내려오는 상당히 긴 사슬갑옷을 입었고, 코에 맞추어 쓰는 뾰족한 철모를 썼다.

90　약 1.5미터.◎

91　로베르 바스Robert Wace 『루 이야기Roman de Rou』(1170년 추정) 3부 8607~8612행.

도끼로 공격하려는 사람은Hoem ki od hache volt ferir,
두 손 모두 그것을 꼭 쥐고 있어야 한다Od sez dous mainz l'estuet tenir.
엄청난 기운으로 공격한다면Ne pot entendre a sei covrir,
(그 사이) 자신을 방어할 생각도 못한다S'il velt ferir de grant aïr.
공격과 방어를 동시에 잘한다는 것은Bien ferir e covrir ensemble
나로서는 불가능해 보인다Ne pot l'en fair ço me semble.

헤이스팅스 전투

잉글랜드 도끼병들의 전술은 종대 전술이었다. 그들이 조밀하게 밀집해 구성한 대열은 거의 모든 공격을 막아낼 수 있었고 나아가는 길에 있는 모든 장애물을 잘라버릴 수 있었다. 그들 개개인의 힘과 꾸준함, 자신감과 단결심은 이들을 가장 위험한 적으로 만들었다. 그러나 이 배열은 낮은 기동성과 먼 곳에서 날아오는 무기에 취약하다는 단점이 있었다. 기병들에게 공격을 받으면 그들은 그 자리에 멈춰서서 밀집 대형을 이용해 적들을 막아내야만 했다. 거리가 떨어진 곳에서 경보병에게 공격을 받았다 해도, 적이 있는 곳에 도착하기 전에 적들은 이미 퇴각해버리곤 했기에 상대하기 불리했다.

중세 시대 들어 첫 대형 전투였던 헤이스팅스 전투(1066)에서 이러한 전투 형태가 마지막으로 시도되었다. 헤이스팅스 전투는 최종 결과를 초래한 원인들에 대해 우리가 통찰을 얻을 수 있을 만큼 명확한 양상을 보여준다. 무질서하게 움직이는 퓌르드와 세인 들의 지원을 받아, 무장을 한 헤럴드 2세(1022~1066)의 하우스칼은 센락[92]의 참호를 지키고 있었다. 이들은 유능한 장군의 통제 아래 전투를 장악했던 가공할 만한 잉글랜드군과는 완전히 반대였다. 그럼에도 불구하고 만약 노르만족 기병들 입장에서 경보병의 지원이 없었다면 이들은 잉글랜드군이 설치한 난공불락의 말뚝 울타리를 공략하는 데 실패했을 것이다. 궁병 또한 기병에 의해 지원받지 못했다면 전장에서 일반적

---

92   영국 동남부에 위치한 언덕이며 헤이스팅스에서는 북쪽 10킬로미터 지점.◎

인 수준의 공격에도 쉽게 무너졌을 것이다. 그러나 노르망디공 기욤 2세(1028~1087)[93]의 현명한 전략에 힘입어 이 두 종류의 부대는 침략전쟁에서 이길 수 있었다.

앵글로색슨족의 어수선한 무리는 미래의 워털루 전투에서 영국군이 당했던 것과 정확히 같은 종류의 공격을 당했다.[94] 바로 용감한 기사들의 쉴 새 없는 공격과 파괴적인 화력의 투척무기가 번갈아 날아드는 상황 말이다. 이러한 상황에서 보병 입장에서는 편대를 유지하기 위해 그 자리를 지켜야 하는 것만큼 미치게 만드는 일도 없었다. 도끼병들은 계속해서 가해지는 공격을 꾸준히 탁월하게 물리쳤지만, 날아오는 화살 세례를 끝내는 더 견딜 수가 없었다. 그래서 기욤의 기병들이

---

93 후에 잉글랜드의 노르만 왕조를 세운 정복왕 윌리엄 1세. 헤이스팅스 전투를 치르는 프랑스 왕 휘하 노르망디공 시절에는 기욤 2세로 불렸으므로 그대로 기재한다.◎

94 웰링턴의 군대 중 자신들을 귀찮게 하던 보병을 떨쳐내려고 시도한 한 부대에게 닥친 운명은 헤럴드의 병사들이 겪은 운명과 흡사했다. "척후병들이 가까운 곳에서 충직한 알텐의 분대에 집중포화를 퍼부었다. 그러나 그들을 떨쳐내려는 시도는 불가능했는데, 바로 라에생트La Haye Sainte 근처에서 적군의 기병대가 숨어서 기다리고 있었기 때문이다. (이도 모른 채 집중포화를 받던) 왕의 독일 군단 제5대대가 더 이상 참지 못하고, 대열을 떠나 척후병들을 향해 뛰어들었다. 이들이 공격을 가하며 전진하자 프랑스군은 물러났다. 하지만 바로 다음 순간 측면에서 잘 안 보이게 숨어 있다가 갑자기 뛰어 들어오는 프랑스 중장기병대의 거센 공격을 받고 말았다. 너무나 피해가 컸던 나머지, 전체 부대에서 고작 30명도 안 되는 병사와 몇 명의 지휘관만이 다시 예전에 있던 자리로 돌아갈 수 있었다."

윌리엄 시본William Siborne 『워털루 전략사History of the Waterloo Campaign』(1844) 2권 114~115쪽.

무질서하게 퇴각하는 것처럼 보일 때, 헤럴드 왕의 군대 중 많은 수가 이들을 쫓아 계곡으로 내려갔다. 적이 대열을 가다듬을 시간을 주지 않고 공격해서 서둘러 전쟁의 승리를 거두고자 한 행동이었다.

이 실수는 치명적이었다. 이 기병들의 퇴각은 전장에서 도망치려는 게 아니라 기욤의 명령대로 진행되었기 때문이었다. 곧 기병들은 방향을 바꾸어 자신들을 쫓아오느라 흐트러진 헤럴드의 병사들을 향해 돌진했다. 깊은 생각 없이 공격하느라 흐트러진 잉글랜드군의 전열 사이로 이들이 침투했다. 잉글랜드군은 자신들이 처한 상황에 절박함을 느꼈지만, 계속 저항했다. 화살이 쏟아졌고, 전열이 무너져 무질서하게 흩어진 병사들 사이로 기사들이 밀고 들어왔다. 헤럴드의 군대는 세 시간이나 더 버텼다. 그러나 이러한 용맹의 발휘는 사상자의 숫자만 늘릴 뿐이었다. 이날 잉글랜드 군대는 무력하게 패배했고, 날이 어두워지면서 얼마 안 되는 생존자들은 어둠을 이용해 도망칠 수 있음에 만족해야만 했다. 도끼병을 밀집시킨 전략은 기욤 공이 고안한 궁병과 기병 조합에 의해 완패했다.

두라초 전투

한 번만 더 강조하자면-영토에서 멀리 떨어진 전장에서-앵글로색슨족과 데인족의 대결에서 승리를 일군 것은 창과 활이었다. 헤럴드 왕의 패배가 있은 지 15년 후, 잉글랜드 도끼병의 다른 집단-일부는 센락 전투[95]에서 싸운 경험이 있었을 것이다-은 다시 노르만공의 군대와 대치하게 된다. 이들은 비잔티움 제국 알렉시오스 1세 콤니노스 황제(1048~1118)의 바랑인 친위대[96]-그 유명한 펠레쿠포로이Πελεκυφόροι-였다.[97] 황제는 디라키움Dyrrhachium[98]에서 공위를 해제하려고 시도한 후, 로베르 기스카르Robert Guiscard[99]의 침략을 받았다. 알렉시오스 1세의 군대가 전장에 천천히 도착하고 있을 때, 노르만 군대는 이미 전열의 맨 앞에 자리를 잡고 있었다. 알렉시오스 1세가 이끄는 군대의 가장 중요한 병력은 바랑인이었다. 그는 이들에게 말을 줘서, 맨 앞으로 빠르게 나와 대형의 방향을 바꾸는 역할을 맡겼다.

---

95 헤이스팅스 전투를 말한다.◎

96 바랑인은 그리스와 러시아 지역 사람들이 스칸디나비아인을 부를 때 썼던 말로 그들은 비잔티움 제국에서 황제를 지키는 용병 친위대로 활약했다. 11세기의 바랑인 친위대에는 노르만족에게 패배하여 망명한 앵글로색슨족도 상당수 포함되어 있었기에 원문에서는 주석 97에서의 설명에 기반하여 잉글랜드인과 동의어로 활용된다.◎

97 펠레쿠포로스Πελεκυφόρος는 시간이 흐르며 단순히 '콘스탄티노폴리스의 잉글랜드인'을 지칭하는 단어로 굳어졌으며, 안나 콤니니(알렉시오스 1세 콤니노스의 장녀로 아버지 사후 남편 니키포로스를 황제로 즉위시키려다 실패한 후 황궁으로의 복귀 불가 명령을 받았다. 이후 수녀원에 머물면서 아버지의 치세를 다룬 역사서 『알렉시아드Alexiad』(1140?/1150?)를 완성했다)는 노르망디의 로베르 기스카르를 '펠레쿠포로이Πελεκυφόροι 왕의 형제'라고 부르면서, 그가 어떤 사람인지 충분히 알고 있다고 착각했다.

98 현재 알바니아의 두라초.◎

99 노르망디 출신 정복자로 교황 니콜라오 2세(980~1061)로부터 풀리아와 칼라브리아, 시칠리아의 영토를 하사받고 직접 정복하기 위해 알렉시오스 1세와 대치한다.◎

이들은 역할을 제대로 해냈다. 그러나 적에게 다가갔을 때 싸우고 싶은 열망에 너무나 흥분했다. 그리스 군대가 본격적인 공격을 시작할 수 있을 때까지 기다리지 못하고 도끼병들은 자신의 말들을 뒤로 보낸 후 노르만 군대의 견고한 옆 기둥으로 전진했다. 이들은 노르만 공이 이끄는 군단을 내몰아 기병과 보병들을 바다 쪽으로 몰아갔다. 공격은 성공적이었으나, 이 때문에 전열이 흐트러졌다. 그래서 노르만공은 방향을 틀어 모든 병력을 그쪽으로 보낼 수 있었다. 이는 알렉시오스의 주요 군단이 아직도 멀리 있었기에 가능한 일이기도 했다.

기병의 격렬한 공격은 잉글랜드인 군대의 많은 부분을 손상시켰다. 남아 있는 병력은 해변 옆 작은 언덕 위 버려진 예배당 근처로 내몰렸다. 이곳에서 이들은 노르만족에게 둘러싸였고, 센락에서와 마찬가지의 장면이, 그러나 그때보다는 작은 규모로 벌어졌다. 기병과 궁병들이 바랑인 병사 대부분을 쓰러뜨리고 나니, 남아 있는 바랑인 병사들은 어쩔 수 없이 예배당 안에 갇히게 되었다. 로베르는 장작과 목재를 건물 주위에 둘러쌓은 후 불을 붙였다.[100] 잉글랜드인 군대는 예배당 안에서 기습 공격에 의해 죽거나 불에 타 사라졌다. 한 명도 빠져나가지 못했다. 전투를 시작한 이들의 부적절한 열망으로 말미암아 모든 군단이 파괴된 것이다. 이것이 11세기 봉건 군단에 맞선 보병이 감행한 마지막 공격의 운명이었다. 이후 200년이 넘는 시간 동안 비슷

---

100 이러한 세부 사항에 대해서는 안나 콤니니의 『알렉시아드』를 참조. 그녀는 바랑인의 지휘관을 나메테스Ναμέτης 혹은 남페테스Ναμπέτης 라고 불렀다. 영어나 스칸디나비아어로 이 이름이 무엇을 뜻할까? 안나가 지칭하는 서유럽 이름들이 원래의 이름과 많이 다르다는 점을 고려해 보면, 이 질문에 대한 답을 얻기란 불가능하다고 본다.

한 군사적 실험은 시행되지 않았고, 기병의 우세한 지위가 완전히 정착되었다.

III
비잔티움 제국과
그 적들
582~1071

i 비잔티움 제국의 전략

 슬라브족과 사라센으로부터 동로마 제국의 국경을 500년 동안 지킨 군대는, 자신들이 이름과 전통을 물려받은 과거 군대와는 구성과 조직 면에서 모두 차이가 있을 수밖에 없었다.[101] 그래서 콘스탄티누스 황제의 팔라티누스Palatinus[102], 누메리Limitary Numeri[103]는 트라야누스 황제의 레기오와 거의 닮은 점이 없었다. 그러나 적어도 한 가지 면에서 이 두 군대는 서로 비슷했다. 바로 그들이 존재했던 시대에, 세

---

101 595년경에 마우리키우스가 집필한 『스트라테기콘Stratêgikon』(웁살라Upsala, 1664), 900년경 레온이 집필한 『탁티카Τακτικά』(라이덴Leyden, 1612), 960년경 니키포로스 2세 포카스가 집필한 『전시 척후전에 대하여 ΠΕΡΙ ΠΑΡΑΔΡΟΜΗΣ ΠΟΛΕΜΟΥ』(미뉴Migne, 『파트롤로기아 라티나 Patrologia Latina』(1841~1855)에 수록)를 특별히 볼 필요가 있다.

102 황제 직속 부대.◎

103 정규 보병 부대.◎

계에서 가장 효율적인 군사 조직이었다는 점이다. 비잔티움 제국의 병사들은 현대의 역사가들에게 공정한 판단을 받지 못했다. 역사가들의 명백한 잘못으로 인해 그들의 특성 중 큰 장점이 잘 보이지 않게 되었고, 때문에 '비잔티움다움'이란 말은 전시든 평화시든 '무력함'과 동일한 의미로 받아들여졌다. 물론 그렇게 평가되는 이 시기를 전반적으로 옹호하기 위한 글이 많이 쓰이기는 했지만, 그들의 폄하된 군사적 능력과 기량에 대해 강력하게 반론하는 일은 쉽지 않았다.

비잔티움 제국 군대의 탁월함

에드워드 기번은 "비잔티움 제국 군대에는 고유의 하자가 있으며, 그들의 승리는 우연에 불과하다"라고 말했다.[104] 이러한 포괄적인 비판은 진실이 아니다. 오히려 패배가 우연에 의한 결과고, 승리는 일반적이었다고 보는 게 훨씬 더 맞을 것이다. 군대의 비효율성보다는 형편없는 지휘, 수적 열위, 예기치 못한 재앙 들이 비잔티움 제국의 군사 작전을 패배로 몰고 간 일반적인 원인이었다. 우리에게 그 시대 전쟁에 관한 명확한 장면들을 보여주는 개개의 군사 논문들은 직접적이든 간접적이든 제국이 가진 군사 지식의 탁월함을 보여준다. 지휘관이 무능하거나 상황이 몹시 불리하지 않은 이상, 언제나 승리는 제국의 깃발을 따르리라고 저자들은 가정할 정도였다. 군대는 믿

---

104 『로마 제국 쇠망사』 5권 382쪽.

음직했다. 이들은 마치 웰링턴 장군이 반도 전쟁[105]에서 이끌던 군인들처럼 "어디든 가고, 무엇이든 했다." 니키포로스 2세 포카스 황제(912~969)는 "사령관에게 6천 명의 중장기병이 있고 신의 가호가 있다면, 더 이상 아무것도 필요 없다"고 말했다.[106] 비슷하게, 현제賢帝 레온 6세(866~912)는 저서 『탁티카Τακτικά』에서, 프랑크족과 롬바르드족의 기사들을 제외하고 이 세상에 비잔티움 제국의 카타프락토이[107]에 대항할 만한 존재는 없다고 말했다. 물론 맞붙는 병력의 숫자가 비슷할 경우의 이야기였다. 그럴 경우 슬라브족, 튀르크족, 사라센쯤은 한 번의 공격으로도 물리칠 수 있을 정도였다. 오직 서유럽 군대와 싸웠을 때의 결과가 예상치 못한 충격을 안겨주었을 뿐이다. 비잔티움 군대의 탁월함과 효율성의 근원은 쉽게 찾을 수 있다. 용맹함은 적과 비슷할지라도 규율과 조직, 그리고 무장 면에서 훨씬 더 우월했기 때문이다. 무엇보다도 그들은 로마의 전통적인 전략뿐만 아니라 전술의 완벽한 체제까지 갖춘, 당시 전쟁에서 필요로 했던 요소들이 정교하게 잘 맞아떨어지는 군대였다.

---

105 1808년에서 1814년까지 에스파냐·포르투갈·영국 연합군이 나폴레옹에 맞서 이베리아 반도에서 치른 전쟁으로 연합군은 전쟁을 장기전으로 유지함으로써 나폴레옹 몰락의 단초를 마련했다.◎

106 니키포로스 2세 포카스 『전시 척후전에 대하여』 17장.

107 카타프락토스 부대.◎

전쟁 기술의 과학적 연구와 레온 6세의 『탁티카』

당시 몇 세기 동안 동방에서는 전쟁을 기술로 간주하여 연구했지만, 서양에서는 아직 얼마나 열심히 싸우느냐는 문제에서 벗어나지 못하는 상태였다. 프랑크족의 젊은 귀족은 말 위에서 안정적으로 앉아 장창과 방패를 능숙하게 다룰 수 있게 되는 것만으로도 자신의 군사 교육을 다 마쳤다고 생각했다. 반면 비잔티움 제국의 귀족은 무기를 그 정도로 능숙하게 다룰 수 있었을 뿐만 아니라[108] 마우리키우스 (539~602), 현제 레온, 니키포로스 2세 포카스, 그리고 이름 모를 저자들의 저서를 보며 이론과 실전 지식을 쌓았다. 전쟁에 대해 동서 지역이 가진 이러한 정반대의 관점은 어찌 보면 당연한 결과를 초래했다. 서쪽의 병사들은 전쟁을 인생에서 하는 가장 중요한 일이라고 생각하기는 했지만, 전투에서 익숙지 않은 전술을 구사하는 적을 만나면 늘 패배했다. 대조적으로, 동쪽의 장군들은 전쟁에서 슬라브족이나 튀르크족, 프랑크족이나 사라센에게 가장 적합하게 맞설 수 있는 전술을 구사할 줄 안다는 점을 자랑으로 여겼다.

현제 레온이 다양한 긴급 상황에 대처했던 명령들은 비잔티움 제국의 장군들에게 떨어진 다양한 과제들과, 그들이 이 과제를 처리하는 적절한 방식과 동일하다는 점에서 깊은 인상을 준다. 콘스탄티노폴리스에서는 지휘관들을 전쟁의 기술이라는 큰 체계 안에서 핵심적 역할

---

108 동방의 귀족 사회에서 군사적 기개를 증명하는 방법 중에는 결투만한 것이 없었다. 조지 핀레이George Finlay 『그리스사History of Greece』(1861) 등등 프러시아의 사례 참고.

을 하는 존재로 인정하고 있었던 것이다.

프랑크족과의 전쟁

레온은 프랑크족에 대해 『탁티카』에서 다음과 같이 말했다.[109]

"프랑크족은 어떤 상황에서도 후퇴를 치욕스럽다고 믿는다. 따라서 그들은 당신이 싸움을 걸면 무조건 싸울 것이다. 이때, 가능한 모든 이점을 확보할 때까지 아무것도 하지 말고, 프랑크족의 기병들이 긴 창과 커다란 방패를 들고 엄청난 기세로 덤벼들 때까지 기다려야 한다. (전투가 시작되면) 작전을 지키면서 그들의 공격에 대응하고, 가능하다면 기병이 평지보다 상대적으로 힘을 못 쓰는 언덕 쪽으로 유인해야 한다. 몇 주 동안 대대적인 전투가 없으면, 쉽게 피로해지고 권태로워 하는 그들의 특성상 전쟁에 싫증을 느끼고 많은 수가 전열을 이탈해 집으로 돌아가기 시작할 것이다. (…) (프랑크족의) 장군은 아마 전초 기지나 주변 정찰에 방심하게 될 것이다. 이를 틈타 외진 곳에 있는 병력을 쉽게 차단하고 병사들의 막사를 효과적으로 공격할 수 있다. 그들의 군대는 규율보다는 혈연이나 서약으로 묶여 있기 때문에, 일단 공격을 시작하면 혼란에 빠지게 된다. 그러므로 싸우는 척하며 살펴보면 곧 대열이

---

109   레온 『탁티카』 §i8. 여기에 실린 글은 레온이 남긴 조언의 요약이다. 있는 그대로를 번역한 것뿐만 아니라 해설이 달려 있는 부분도 있다.

완전히 허물어지는 광경을 볼 수 있다. 그러나 전체적으로 봤을 때, 한 번의 공격으로 그들을 무찌르는 것보다 소규모 접전과 시간을 끄는 작전을 쓰는 게 훨씬 쉽고 비용이 적게 드는 방법이다."

이러한 지휘 방식이 담긴 장들은 두 가지 흥미로운 사안을 내포한다. 우선 봉건 기사제가 발달하던 9세기 또는 10세기경 적의 중대한 도전을 받은 서유럽 군대의 모습을 그려낸다. 또한 이 내용들은 비잔티움 제국이 가진 군사 과학의 특징적인 강점과 취약점을 함께 보여준다. 우리는 여기에서 한편으로는 레온의 계율들이 실질적이고 효과적이라는 점을 알 수 있으면서도, 한편으로는 제국의 군대가 보통 방어적으로 행동하기 때문에 사실상 효율성이 떨어진다는 추정에 근거하여 만들어졌다는 점 또한 알 수 있다. 그러나 이 전략들은 동쪽의 황제들이 롬바르드족 공작이나 프랑크족 황제의 공격을 모두 막고 이탈리아 지역의 테마θέμα[110]를 400년 동안 유지하면서 승계된 결과물이다.

튀르크족과의 전쟁

레온 황제가 튀르크족[111]에 맞설 때 이용한 방법은 서방의 국가들에

---

110 비잔티움 제국의 군관구를 일컫는 명칭. 테마 제도는 군 사령관으로 하여금 해당 지역의 통제권을 부여하면서 병사들에게 농업을 할 수 있는 땅을 주는 둔전병제를 시행함으로써 군인이 지역의 정착민으로서 토지와 지위를 세습하는 구조로 시행됐다.◎

111 마자르족, 즉 흑해 북쪽 지역에 살던 부족을 일컫는다.

대항해 쓰던 것과 모든 면에서 달랐다. 튀르크족 군대는 경기병으로 구성된 셀 수 없이 많은 집단의 집합으로 이루어져 있었다. 그들은 재블린과 샴쉬르[112]를 장착했지만, 필승 무기는 화살이었다. 전략은 사실상 알프 아르슬란, 또는 바투 칸(1205~1255)이 구사한 전술의 조상이었던 아틸라의 전략을 그대로 가져다 쓰고 있었다. 튀르크족은 '모든 종류의 매복과 책략'에 타고났고, 곳곳에 배치하는 전초기병 덕분에 기습 공격을 받는 일이 거의 없었다. 그러나 사방이 뚫려 있는 평야 지역에서는 이를 간파한 비잔티움의 중장기병들이 단번에 공격해 오면 속수무책이었다. 그럴 때면 그들은 멀리 있는 적들을 향해 쏠 화살을 갈아 끼울 시간도 없었다. 비잔티움 제국의 견실한 보병도 막강한 상대였다. 비잔티움 제국의 궁보병이 쓰는 활은 튀르크족이 쓰는 무기보다 훨씬 더 멀리 날아갔기 때문에 튀르크족은 공격이 가능한 가까운 거리에 다가가기도 전에 말에 화살을 맞곤 했다. 그들은 몸은 갑옷으로 보호했지만 말에는 보호 장비를 갖추지 않았다. 따라서 말이 공격당해 쓰러지면 땅에서 싸울 수밖에 없었는데, 평야 지역에서 말을 타고 다니는 유목민족인 그들은 땅에 서서 싸우는 상황에 익숙해질 수 없었다. 이러한 이유로 튀르크족에 맞설 때는 회전會戰을 준비해야 했다. 그들은 순식간에 대규모로 밀집하곤 했으므로 쫓을 때는 신중을 기해야 했고, 추격하는 동안에는 반드시 멀리 떨어지지 않도록 해야 했다.

이러한 상황을 보면, 비잔티움 제국 보병대의 유효성이 과거 레기오

---

112 완만하게 구부러진 날을 가진 모양으로 대표되는 서남아시아의 대표적인 검.◎

의 그것과 얼마나 다른지 너무나 명확했다. 단순히 검과 필룸Pilum[113]만으로 무장한 1세기의 병사들은 멀리서 화살을 쏘는 파르티아의 궁기병에게 궤멸되곤 했다. 보병대에 활이 도입되면서 이와 같은 전쟁의 양상은 변화했고, 이제 원거리에서 무기를 쏘며 대치하는 상황에서는 궁기병이 더 불리했다. 비잔티움 타그마Tagma[114]의 맨 앞줄에는 커다란 방패를 든 스쿠타토이[115], 또는 창병이 버티면서, 서로마 군대가 썼던 중기창重騎槍이 아닌 샴쉬르나 짧은 재블린으로 상대편 기병들이 접근하지 못하게 했기 때문이다. 따라서 튀르크족 병사들은 제국 보병들과의 충돌을 피했다. 대신 대부분의 경우 비잔티움 기사들만이 따라잡을 수 있는, 자신들이 상대적으로 우위를 점하는 기동력을 활용했다.

---

113 고대 로마 병사가 사용한 투창.◎

114 비잔티움 군대 중앙군을 맡았던 정예 부대.◎

115 중장보병이라는 의미의 스쿠타토이σκουτάτοι는 비잔티움 군대에서 쓰던 말 중 신기하게도 남아 있는 라틴어 중 하나다. 라틴어를 번역할 때 그리스인들은 그 분량에 신경 쓰지 않았다(7세기에 이르러 비잔티움 제국의 공용어는 라틴어에서 그리스어로 바뀐다. 이러한 정황을 고려하여 본서에서는 7세기 이전 비잔티움 제국에서 쓰인 명칭은 라틴어로, 이후의 명칭은 그리스어로 표기했다. 즉 '스쿠타토이'라는 그리스어는 라틴어 '스쿠타투스(복수형은 '스쿠타티')'를 그리스어식으로 계승한 단어다. 스쿠타투스는 로마식 직사각형 긴 방패인 스쿠툼을 든 보병대를 말한다).

슬라브족과 사라센과의 전쟁

슬라브족과 맞서 승리를 거둔 전략들은 별로 주목받지 못했다. 세르비아인과 슬로베니아인 군대에는 기사가 거의 없었다. 대신 그들은 산악 지형에서 제국의 군대에 맞서 가공할 위력을 선보였다. 그들의 궁병과 재블린병은 쉽게 접근하기 힘든 지점에 배치되어 먼 곳에서 침입해 들어오는 적을 공격했고, 종형으로 배열된 부대의 측면에 배치된 창병은 기습을 감행할 수 있었다. 그러나 이러한 공격은 적절한 기민함으로 대처하면 충분히 물리칠 수 있었다. 슬라브족은 평야 지역을 약탈하러 다니다가 제국의 기사단에게 기습 공격을 받으면 무참히 패하곤 했다.

반면 사라센을 상대하려면[116] 신중에 신중을 기해야 하고, 세심한 요령이 필요했다. 레온 6세는 '잔악한 국가들은 모두 가장 훌륭한 조언을 듣고, 군사 작전에 있어 최고의 신중함을 기한다'[117]라고 말했다. 이 '잔악하고 신성모독적인 사라센'[118]을 타우루스의 클레이수라Κλεισούρα[119]를 통해 완전히 무찌르려면 병사들을 이끄는 사령관은 그의 전술적이고 전략적인 능력을 최대한 발휘하고, 군대는 반드시 잘 훈련되

---

116 역사가들이 튀르크족이 활을 사용하는 것을 사라센의 영향으로 보면서 군사사史에 혼란이 초래된 바가 있었다. 그러나 사라센은 활이 아니라 창병과 관계된 전술을 구사했다. 사라센과의 전투로 알려진 도릴레움Dorylæum(현재 터키의 에스키셰히르)에서 실제로 싸운 것은 튀르크족이었다.

117 레온 『탁티카』§ 18. 124.

118 레온 『탁티카』§ 18. 124.

119 테마에서 독립된 산악 지대 통로 지역에 설치된 비잔티움 군사 구역.●

어 자신감이 넘쳐야 했다.

기독교도와 이슬람교도의 국경 전쟁

7세기에 할리드 이븐 알 왈리드خالد بن الوليد[120]와 우마르 이븐 알카타브(586~644)[121]가 시리아와 이집트를 정복하기 위해 아랍인들을 이끌고 원정을 떠났을 때, 그들이 거둔 승리는 무기가 월등해서도, 조직력의 탁월함 덕분도 아니었다. 운명을 믿는 자들의 광신적인 투지는 무장과 훈련 면에서 더 우월한 군대와도 맞설 수 있게 만들었다. 그들은 새로운 영토에 자리 잡으면서 과거의 폭발적인 투지는 사라졌지만, 이전에 자신들이 무찔렀던 적들에게서 전략과 전술을 배우는 일에는 적극적이었다. 이에 따라 비잔티움 제국의 군대는 이 칼리파 군대의 본보기가 되었다. 레온 황제가 저술하기를, 그들은 무장과 전술면에서 '대부분 로마의 관습을 따랐다.'[122] 그들은 제국의 장군들처럼 갑옷으로 무장한 창병에 주요한 역할을 부여했다. 그러나 사라센 병사들의 공격 방식은 시작부터 불리했다. 말과 말, 병사와 병사의 대결에서는 비잔티움 제국의 군대가 더 막강했으며 이들은 마지막 공격 후

---

120   예언자 무함마드(570~632)에게 '알라의 검'이라는 별명으로 불렸던 맹장으로 아리비아 반도를 통합하고 비잔티움 제국과 사산조 페르시아를 군사적으로 압도했다.◎

121   이슬람교 제2대 정통 칼리파로 시리아, 팔레스타인, 이집트를 정복했으며 사산조 페르시아를 멸망시켰다.◎

122   레온 「탁티카」 § 18. 120.

에도 도망가는 사라센들을 추격할 수 있을 정도였다.

아나톨리아 테마의 방어

그럼에도 불구하고 사라센을 가장 무서운 적수로 만든 두 가지 요소
는 바로 그들의 숫자와 특출한 기동력이었다. 소아시아 침략 계획이
세워졌을 때, 욕심과 광기에 사로잡힌 세력들이 얽혀 호라산[123]과 이집
트 사이에 불안한 정세를 불러왔다. 야생마를 모는 동쪽의 무수한 기
병들이 타르수스Tarsus와 아다나Adana의 길목에서 쏟아져 나와 아나
톨리아 테마의 비옥한 고지대를 거듭 공격했다.

> "그들은 일반적인 부대라기보다, 수많은 자원병들이 섞인 집단이
> 었다. 부자는 혈통에 대한 자긍심으로, 빈자는 약탈에 대한 기대
> 로 참여했다. 참전한 많은 이들이 전쟁을 하면 신이 기뻐하고, 승
> 리를 안겨주리라 믿었다. 참전하지 않는 사람들은, 남자건 여자건
> 집에 머무르면서 가난한 이웃들이 참전할 수 있도록 무기를 생산
> 했다. 그렇게 함으로써 좋은 일을 한다고 생각한 것이다. 이로 인
> 해 군대는 전체적으로 다양한 사람으로 이루어졌고, 노련한 전사
> 들과 훈련받지 않은 약탈자들이 나란히 행군했다."[124]

---

123 현재 이란의 북동부 지역 일대.◎

124 레온 『탁티카』 § 18에 산재된 주석들.

타우루스로 통하는 길가의 적을 무찌른 후, 말을 탄 사라센의 거대한 무리는 흩어져 프리지아Phrygia와 카파도키아Cappadocia 지방을 넓게 휘젓고 다니며, 그 당시 세계에서 가장 부유했던 이 지역의 마을들에 불을 지르고, 변방을 유린하고, 짐을 싣는 말을 약탈했다.

이제 비잔티움 제국의 장군이 그의 무기를 보여줄 때가 됐다. 처음에는 적을 추적해서 싸웠다. 추적은 쉽지 않았다. 당시 침략한 사라센 군대는 어마어마한 거리를 휘젓고 다닐 수 있었기 때문이다. 그러나 그들은 약탈한 물건들을 싣고 다니면서 기동력이 현저히 떨어졌고 이 때문에 쉽게 잡히게 됐다.

사라센의 침략 계획이 아나톨리아 또는 아르메니아 테마의 장군의 귀에 들어갔을 때, 그는 즉시 그 지역의 모든 유능한 기사를 모아서 적을 공격했다. 그러나 훈련받지 않은 병사들과 약한 말들은 뒤로 쳐졌고, 보병은 사라센의 빠른 기동력을 따라잡을 수 없었다. 따라서 레온은 배치 가능한 모든 보병은 타우루스의 클레이수라로 보내 점령하도록 했다. 이곳에서는 비록 기병이 침입자를 잡지는 못할지라도, 도주하는 걸 어렵게 만들거나 그들이 불리한 길목에서 괴롭힐 수 있었기 때문이다.

방위군으로서의 기병

그러나 기병들은 비잔티움 제국 사령관에게 성공에 대한 희망을 품게 만들었다. 그들은 적의 상태를 확보하기 위해서 전력을 다했다. 니키포로스 2세 포카스 황제는 다음과 같이 적었다.

"자유민이든 노예든 어떤 이가 너에게 새로운 소식이 있다고 찾아
오면, 절대 돌려보내선 안 된다. 밤이든 낮이든, 네가 자고 있든
식사 중이든 목욕 중이든 마찬가지다."

일단 사라센 군대가 이동한 흔적이 발견되면, 기병은 끊임없이 뒤를
쫓아 그 군대와 사용하던 물건들을 발견했다. 만약 시리아와 메소포
타미아군 모두가 단순한 급습이 아닌 공세에 나서면 장군은 그의 자리
에서 물러나서 방어를 맡았고, 적의 측면을 붙잡고 늘어지며 낙오하
는 병사들을 잘라냈으며, 멀리 떨어져 있는 무리가 약탈하지 못하도
록 막았다. '동쪽의 모든 테마들이 행군 준비가 되기 전까지' 어떤 전
투도 시작하지 말라고 한 명령 때문에, 2만5천 또는 3만 명의 중장기
병[125]이 최고 사령관의 지시를 기다리게 만들었다. 그러나 이는 귀중
한 시간을 낭비하게 만들었다. 사라센의 대규모 급습War-raids(만일

---

125 레온의 시대에 동방 쪽 테마들은 세부적으로 나뉘지 않았다. 테마가 나
뉘게 된 것은 그의 아들 콘스탄티노스 7세(905~959) 시대부터였다. 소아시아
지역에는 일곱 개의 테마가 있었고, 각각 같은 이름으로 불리는 군사 집단과
약 4천여 명의 중장기병이 있었다고 알려져 있다(원문에서는 '여덟 개'의 테
마가 있다고 적혀 있으나 현재 연구에 따르면 일곱 개이며, 막상 원서에서도
이름이 기재된 테마를 세어 보면 일곱 개다. 따라서 오타인 것으로 판단하여
일곱 개로 수정했다). 이 일곱 개의 테마는 아르메니아콘, 아나톨리콘, 옵시키
온, 트라케시온, 키비라이오톤, 부켈라리온, 그리고 파플라고니아이다. 여덟
번째 테마인 옵티마톤에는 (콘스탄티노스가 쓴 제국에 대한 문서에서 확인할
수 있듯) 군사 조직이 없었다.

우리가 국경에서 하곤 하는 유사한 탐색에서 표현을 빌려온다면)은 비교적 잘 발생하지 않았다. 따라서 아시아 지역에 있는 비잔티움 군대 전체가 큰 전투에 출정해 적과 맞서는 일은 거의 없었다. 보다 정형화된 사라센의 침투는 보통 킬리키아Cilicia와 시리아의 북부 지역에 살던 거주민들에 의해 이루어졌는데, 이슬람 세계 본토 출신의 모험가들이 이들에게 종종 도움을 주었다.

사라센과 맞서야 했던 비잔티움 제국 사령관의 테마에는 고작 4천 명도 안 되는 중장기병만이 있었던 것으로 보인다. 이 군대는 레온 6세의 철저한 전략적 지시에 의해 움직였다.[126] 그들이 침입자들을 발견하면 침입자들은 방향을 돌려 전투를 걸어왔는데 그 공격은 무시할 수 있는 수준이 아니었다. 사라센은 동등한 상대가 아니었다. 그들은 보통 수적으로 우월했고 언제나 자신만만했기 때문이다. '그들은 처음에는 승리에 대한 확신으로 매우 용감하다. 우리가 입힌 타격으로 진열이 흐트러진다 해도 한번에 후퇴하지 않는다.'[127] 사라센은 적이 (승리를 예감하고) 기세등등한 모습을 보이면 되려 모두 힘을 합쳐 전력을 다해 공격했다.[128] 그러한 시도 후 그들은 보통 궤멸되곤 했는데, '이들은 모든 불행이 신의 뜻에 따른 것이고 전투에서의 패배는 신의 분노의 표시라고 생각했기 때문에 자신들을 방어하려는 시도조차 하지 않았다.'[129] 따라서 무슬림 군대가 후퇴할 때면 철저하게à l'outrance 추격

---

126 그의 군사 대형 계획에 대한 글은 본서 96쪽에서 확인할 수 있다.

127 레온 『탁티카』 § 18. 118

128 레온 『탁티카』 § 18. 136

129 레온 『탁티카』 § 18. 118

하는 게 가능했고, 비잔티움 제국 장군들은 전통적인 군사 격언인 '이겨도 너무 과하게 이기면 안 된다Vince sed ne nimis vincas'를 신경 쓸 필요가 없었다.

사라센과의 전투에서 승리할 수 있었던 비결은 3세기에 걸쳐 정교화된 기병 전술 덕이었다. 10세기 무렵 비잔티움 제국의 군대는 완벽에 가까웠고, 니키포로스 2세 포카스 황제가 효율성 면에서 보증하는 노련한 병사들을 갖추게 되었다. 이들의 특기할 만한 특징은 병사들을 언제나 2열로 세우고, 예비 병력을 모아 측면에 따로 떼어 배치해서 전황戰況이 바뀌는 일을 방지하려 한 점이다. 대열에 깊숙이 침투한 적은 난전의 와중에서 첫째 줄과 둘째 줄, 그리고 예비 병력이 가하는 세 번의 연속적인 공격을 당해내지 못했다. 비잔티움 사람들은 현재의 군사 과학이 성취했다고 자랑하는 위대한 수칙을 이미 발견했다. 바로 '기병전에서는 최후의 예비 병력을 가지고 있는 쪽이 반드시 이긴다'[130]는 것이다. 전문가들은 이와 같은 상황에서 쓰인 바로 그 대형에 대해 신중히 묘사하며, 이는 확실히 세부적으로 들여다볼 가치가 있다. 비잔티움 제국 군대의 조직을 다루는 부분에서도 이 같은 내용을 찾을 수 있을 것이다.

사라센의 침공에 대항하는 몇 가지 다른 방법들도 있었다. 침공이 대대적으로 이뤄지면 우선 후퇴하여 약탈하는 무리의 뒤쪽에서 어슬렁거리며 기회를 엿보다가, 그들이 타우루스의 클레이수라를 지날 때 습격하는 방법이 때때로 권장되었다. 만약 사라센과 약탈품을 실은

---

130 코르넬리우스 프란시스 클레리Cornelius Francis Clery의 『국지 전술 Minor Tactics』(1886)을 보라.

동물의 무리가 쫓기다 타우루스의 통로에 옴짝달싹 못하게 갇히는 순간, 비잔티움의 보병이 바로 그 장소에 지원하러 이미 나와 있다면 승리는 거의 확정된 셈이나 마찬가지였다. 사라센은 화살에 맞아서 쓰러지거나, 그들이 무엇보다도 숭배하는 말Pharii[131]이 멀리서 날아오는 화살 때문에 꼼짝도 못하는 것을 보면 잠시도 견디지 못했다.[132] 그들은 근접전이 벌어지지 않는 이상 말을 보호하기 위해서라면 무슨 일이든 다 하려 했다.

이 동방에서 온 침입자들은 춥고 비가 오는 기후도 무척 싫어했다. 때때로 날씨가 좋지 않으면 그들은 평소의 강인함과 대담함을 보여주지 못했고 가끔은 훨씬 유리한 상황에서도 밀리곤 했다. 그들이 카파도키아로 들어가기 위해 북쪽 루트로 이동한다고 알려졌을 때, 비잔티움 제국의 군대는 그들의 나라에 격렬히 침투해 킬리키아와 시리아 북부 지역을 무참히 짓밟을 수 있었다. 두 국가가 자신의 영토를 지키려는 노력 없이 서로 상대의 영토를 파괴하는 광경은 전 세계 기독교 국가들과 이슬람 국가들의 변경에서 흔히 볼 수 있는 모습과 너무나 흡사했으며 이러한 파괴적인 관습은 매우 빈번하게 수행됐다. 바다를 통한 급습은 육지를 통한 급습을 보완했다. 레온 6세는 말했다.

"킬리키아의 사라센이 타우루스 북쪽 국가를 공격하러 그 통행로를 지나가게 되면, 키비라이오톤 테마의 사령관은 즉시 가능한 모든 병력을 배에 태우고 그들의 해안을 공격하러 가야 한다. 만약

---

131 레온 『탁티카』 § 18.

132 이슬람교에서 말은 신성하게 여겨졌다.◎

그들이 피시디아Pisidia[133]의 해안 지역으로 침투를 감행한다면,
타우르스의 클레이수라르치스Κλεισουράρχης[134]는 타르수스와 아다
나의 영토를 어떤 위협도 받지 않고 초토화시킬 수 있을 것이다.”

비잔티움 장교들의 전문성과 기사답지 않은 성격

이러한 명령들만큼 비잔티움 제국 장군들이 균등하게 갖고 있던 높
은 능력치를 보여주는 증거는 없다. 레온 개인에게는 출중한 능력이
없었고 그가 저술한 『탁티카』는 이미 존재하는 군사 기술을 성문화했
음에 불과했지 새로운 내용을 고안하려는 의도는 없었다. 그러나 이
책은 서유럽에서는 16세기 이전에 쓰일 수 없는 종류의 책이었다. 이
책의 매우 놀라운 점들 중 하나는 동시대 다른 기독교 세계에서 접할
수 있는 느낌과는 완전히 다른 분위기로 쓰였다는 것이다. 비잔티움
제국에서는 기사의 전문성에 기반한 자부심이 풍부하게 보이기는 하
지만 기사도 자체에 대한 흔적은 찾아볼 수 없다. 승리를 거두기 위한
전사의 조건에 용기가 포함되기는 하지만 유일하거나, 무엇보다 중요
한 요소로 다루지 않았다. 레온은 대규모 전투 없이 진행된 군사 전술
을 가장 낭비가 적고 만족스러운 전쟁의 완성으로 보았다. 그는 남자
들이 싸움으로 뛰어들게 만드는 호전적인 열정을 그다지 높게 평가하

---

133   현재 터키의 안티리야 주.◎
134   클레이수라를 담당하는 사령관.●

지 않았다. 그는 그것을 멍청한 야만족의 특성이자 전투 지휘를 하며 허세를 부리는 사람에게서 발견되는 치명적인 자질이라고 보았다. 그는 책략과 매복, 그리고 후퇴하는 척하는 방법을 매우 선호했다. 가능한 우위를 점할 수 있는 요소를 우선적으로 확보하지 않은 지휘관은 레온의 가장 큰 멸시 대상이었다. 이와 더불어 그는 오직 상대편 군대의 숫자와 실력을 알아보기 위한 방책으로 군사軍使[135]에게 임무를 어떻게 수행할지 지시를 내리는 일을 지적인 자부심으로 삼았다. 그는 가장 평범하고 도덕적인 조언으로서, 패배한 장군이 적군의 사령관에게 항복을 전하는 사절을 보냄으로서 (사실 정말로 그럴 의도는 없지만) 군대를 후퇴시킬 시간을 벌 수 있는 방법을 제시하기도 했다.[136] 그는 이 (반역적) 편지를 적군의 부지휘관들에게 보내던 구시대적인 속임수를 쓰는 대신 어떻게 해서든 최고 사령관의 손에 들어가게 했다. 그가 자신의 바로 아래 부하를 의심하게 만들기 위해서였다. 이러한 술수들은 '비잔티움다움'이라는 부정적인 느낌의 단어로 표현할 수도 있지만, 우리는 이들이 정착시킨 군사 시스템의 적절하고도 비범한 장점을 반드시 눈여겨봐야 한다. 10세기경 콘스탄티노폴리스에서 이해했던 것처럼 '전쟁의 기술'은 세상에 존재하는 단 하나의 학문적

---

135 지휘관의 명을 받아 적군에게 보내져 항복 조건, 포로 교환, 휴전 등의 사항을 알아보는 자.◎

136 이를 아우스터리츠 전투(1805)에서 러시아 군대가 타협적인 자세로 후퇴하며 전장을 떠났던 것과 비교할 수 있다. 당시 러시아군 장군 쿠투소프는 무척 비잔티움스러운 말투로 말했다. "휴전에 찬성하는 모습을 보이며 오직 시간을 벌기만을 바랐고, 이로 인해 적으로부터 내 군대를 최대한 멀리 떨어지도록 만들어 구하고자 했다."

가치를 지닌 책략이었고 16세기까지 이에 맞설 만한 상대가 없었다.

ii 비잔티움 군대의 무기, 조직, 그리고 전술

비잔티움 군대는 마우리키우스 황제(539~602)에게서 그 특유의 체제를 형성했다고 볼 수 있다. 마우리키우스는 비잔티움 제국 역사에 가장 큰 흔적을 남긴 인물이다.[137] 그가 저술한 『스트라테기콘』이 운 좋게 잘 보존된 덕분에 동방 제국 군대의 재조직화는 전적으로 그의 공적임을 잘 알 수 있다. 동시대의 역사가들 또한 비록 사소한 사실을 일일이 말하지는 않더라도 그의 개혁에 대해 언급하며, 개혁을 군인들이 받아들이기는 했지만 결과적으로 그 때문에 그가 군인들 사이에서 인기가 떨어지고 말았다는 사실을 알려준다. 그러나 후대의 역사가들은 이러한 변화를 조금 더 유명한 전사인 이라클리오스 황제의

---

137 중세 시대부터 이미 이러한 의견이 살짝 나타나기 시작했고(기번이 우리에게 말해주듯), 이탈리아 연대기 작가들은 그에게 '그리스 황제 중 첫 번째 황제'라고 이름 붙였다.

공으로 돌리는 오류를 저질렀다.[138] 이라클리오스는 이전 그 어떤 전임자보다 로마의 방식을 동로마 제국에 많이 도입한 황제다. 하지만 사실 이라클리오스의 군대는 마우리키우스에 의해 이미 재편성되어 있었다. 그러나 마우리키우스는 받아 마땅한 인정을 받지 못했다.

마우리키우스 황제가 시도한 비잔티움 제국군의 재편

마우리키우스의 개혁 중 가장 중요한 것은 게르만족의 코미타투스와 흡사한 체제를 제거한 부분이다. 그때까지 코미타투스는 동맹국들 Foederati 사이에서 흘러나와 로마 군대 계급 체제 대부분에 스며들어 있었다. 그러나 이제 군인의 충성은 그의 직속 상사가 아닌 황제를 향하게 되었고, 백인대장 이상 계급의 장군을 임명할 때는 중앙 정부가 관여하게 됐다. 이로 인해 군단 혹은 한 사단의 사령관은 국가에 위험이 될 수도 있는 기회를 제공하던 권력과 후견권Patronage을 상실하게 되었다. 그들은 과거에 제국 군사 조직의 일원이라기보다는 개인적인 추종자로 이름을 올린 준독립적 정부 당국 아래에 있었다. 하지만 이제는 황제가 보낸 특사들의 지휘를 따르게 되었다.

마우리키우스가 성공적으로 진행한 개혁은 그의 군대에 규율과 충성도 면에서 매우 큰 이득을 가져왔다. 다음으로 그는 제국의 전체 전

---

138 예를 들어 콘스탄티노스 7세 포르피로옌니토스 황제(905~959)는 그의 책 『테마타 오리엔티스Themata Orientis』에서 테마와 타그마가 만들어진 것은 이라클리오스 덕분이라고 말하고 있다.

력을 하나의 조직으로 만드는 데 착수했다. 유스티니아누스의 치세가 끝날 무렵부터 국가의 수입이 급속도로 줄어들기 시작했고, 이 양상이 점점 더 심해지면서 로마 군대에서의 외국인 용병 수가 명백하게 축소되었다. 같은 이유로 제국의 동맹국 대부분을 차지했던 국가들에서 롬바르드족, 헤룰족, 게피다이족이 다른 지역으로 이주했고, 이로 인해 그곳에 거주하던 민족이 사라지기도 했다. 결국 외국인 병사의 숫자가 형편없이 줄어든 만큼 이질적인 조직을 하나로 동화시킬 때 발생할 수 있는 군사적 위험도 사라졌다.

마우리키우스가 도입한 새로운 체제는 거의 500년 동안 이어졌다. 보병과 기병 모두에서 기본 단위는 반돈βάνδον이었다.[139] 반돈은 보통 코메스Comes[140]라는 대중화된 명칭으로 불리던 사령관이 지휘하는 4백여 명으로 이루어진 느슨한 대대, 혹은 기병 연대였다. 이 사령관은 때로는 오래된 이름인 트리보노스Τριβῶνος 또는 군수 호민관Military Tribune이라고 명명되었다. 세 개의 반돈들[141]은 하나의 작은 여단을 구성했는데, 이는 모이라Μοῖρα, 킬리아키아Χιλιαρχία, 또는 드룬고스Δροῦγγος[142]라는 이름 중 하나로 불렸다. 세 개의 드룬고스는 마우리키우스가 승인한 가장 큰 군사 집단을 구성했으며 이 집단은 투르마

---

139 반돈Βάνδον은 유스티니아누스 황제 시절에 일반적인 용어가 되었다. 게르만어로 치면 '벡실룸Vexillum'과 흡사하다.

140 콘스탄티누스 대제(272~337) 시절에는 코메스가 오직 5명의 중요한 지휘관에게만 주어지는 이름이었다.

141 또는 이들이 때때로 명명하듯 타그마타Τάγματα.

142 이 흥미로운 단어는 베게티우스에게서 처음 만들어졌으며, 그때는 오직 이민족 군대 집단을 부를 때만 쓰였던 것이다.

Turma 또는 메로스Μέρος라고 불렸다.

비잔티움 군대 전체 시스템에서 이처럼 라틴어, 그리스어, 그리고 게르만어가 군사 용어로 함께 쓰인 상황만큼 독특한 특징도 없다. 고대 로마로부터 이때까지 전해져 내려오는 이름들에는 무엇이 있는지 살펴보자. 우선 4세기와 5세기 포이데라티에서 유래한 게르만식 이름을 찾을 수 있고, 마지막으로 그리스식 이름을 찾을 수 있다. 이 중 몇몇은 고대의 마케도니아 군사 시스템에서 빌려왔고, 다른 것들은 새로 만들어낸 명칭이다. 제국에서 쓰이는 모든 공적인 언어는 사실상 계속해서 외부로부터 흘러들어오는 상태였던 셈이다. 마우리키우스의 신민들은 황제를 라틴어로 경건한 자(피우스Pius), 행운이 따르는 자(펠릭스Felix), 존엄한 자(아우구스투스Augustus)[143]라고 불렀는데, 이러한 칭호로 그를 불렀던 거의 모든 사람이 그리스어를 사용할 줄 알았는데도 이렇게 불리곤 했다. 『스트라테기콘』에서는 이 두 언어가 교차적으로 사용된다. (마우리키우스) 황제가 말하기를 '전투 전에 백작들이 자신의 부대를 앞에 두고 "데우스 노비스쿰Δεοῦς Νοβισκοῦμ"[144]이라는 구호를 외치면 병사들은 이에 대해 "키리에, 엘레이손Κύριε, Ελέησον"[145]이라고 함성을 지르도록 되어 있었다"라고 적혀 있는 것만 봐도 그렇다.

---

143 주화를 보면 알 수 있듯이 '주님께 충직한 로마인들의 황제ΠΙΣΤΟΣ ΕΝ ΘΕΩ ΒΑΣΙΛΕΥΣ ΤΩΝ ΡΩΜΑΙΩΝ'라는 직분은 아모리아 왕조 때에 와서 일반화되었다.

144 라틴어. "주여 함께 하소서." ◎

145 그리스어. "주여 자비를 베푸소서." ◎

구성

4세기경부터 때때로 나타난 현상이기는 하지만, 마우리키우스는 세금을 내는 계급과 국가의 군대로 모병하던 계급의 경계를 의도적으로 허문 것으로 보인다. 그는 '모든 로마의 젊은 자유민들은 활 쏘는 법을 배워야 하고, 늘 하나의 활과 두 개의 재블린을 지니도록 해야 한다'고 말했다. 아마도 이것은 강제 징병제를 도입하려는 시도의 첫 움직임으로 보이지만, 이 계획은 이 이상 발전하지 못했다. 300년 후, 현제 레온은 실용적인 방책으로서보다는 경건한 바람을 기반으로 같은 뜻을 전했다. 그러나 제국 군대의 일반 사병들은 거의 전적으로 각 지역 안에서만 훈련되었고, 때문에 거의 모든 나라가 (군대를 육성하는 데) 한계가 있었다. 다만 그리스 지역만은 예외로, 이곳에는 상당한 숫자의 병사가 있었다. 소아시아의 아르메니아인과 이사우리아인들, 그리고 유럽의 트라키아인과 마케도니아인—더 적절하게 표현하자면 반로마화된 슬라브족—은 병사를 모집하는 장군에게 가장 좋은 포섭 대상으로 고려되었다.

비잔티움 군사 체제의 뛰어난 영속성은 마우리키우스가 확립한 체제가 그의 사후 300년 동안 거의 변화 없이 이어진 점에서 잘 드러난다. 레온 황제가 집필한 『탁티카』의 몇 개의 장은 병사들의 무장과 조직에 대해 다루는데, 이는 그의 전임자가 쓴 『스트라테기콘』의 비슷한 장에서 아주 약간 더 나아간 수준이다. 이 두 책에 담긴 중장기병과 경기병, 그리고 보병에 대한 묘사는 몇 개의 용어를 제외하면 동일하다.

600년에서 1000년까지 기병의 무기

두 시대 모두 카발라리오스Καβαλλάριος, 즉 중장기병은 꼭대기에 작은 술이 달린 철모를 쓰고 목에서부터 허벅지까지 이어지는 긴 사슬갑옷을 입었다. 손에는 갑옷용 장갑Gauntlet을 끼고 강철 신발을 신었으며, 갑옷 위에는 보통 가벼운 겉옷을 걸쳤다. 장군들과 맨 앞줄에 배치된 병사들은 철로 된 이마 보호대Frontlet와 흉갑Poitrail을 착용했다. 병사들은 장검 스파티온Σπάθιον, 단검 파라메리온Παραμήριον, 기병용 활과 화살집, 그리고 엉덩이까지 오는 가죽끈에 딱 맞으며 작은 깃발로 장식된 장창 콘타리온Κοντάριον을 장착했다. 깃발의 색깔과 문양 장식, 그리고 갑옷 위에 걸친 가벼운 겉옷은 연대의 표준 무장이었고, 같은 투르마에 속한 어떤 여단들도 같은 유형의 기준을 지니지 않았다. 따라서 대열은 균일하고 질서정연한 모습을 띄었고, 모든 반돈들은 그들만의 연대의 외형을 보였다. 모든 기병은 몸에 말안장을 장착했으며 춥거나 비가 내리는 날씨거나 그의 빛나는 갑옷을 감출 필요가 있을 때면 은신하기 위한 목적으로 긴 망토를 걸쳤다.[146]

경기병은 이보다 가벼운 장비를 걸쳤다. 때로는 쇠사슬Mail이나 비늘Horn로 된 흉갑을 입거나 어떤 병사들은 단순히 목과 어깨를 보호하는 가벼운 망토 갑옷Mail Cape만을 장착했다. 이들은 커다란 방패를 갖고 다녔는데, 중장기병은 활을 쏘려면 두 손을 모두 사용해야 했기 때문에 이러한 방패를 가질 수 없었다. 그리고 경기병의 팔에는 창과 검이 들려 있었다.

---

146 레온 『탁티카』 12권을 보라.

보병의 무기 확충

기병보다 그중요도가 훨씬 떨어졌던 보병 또한 기병들과 마찬가지로 경장과 중장으로 나뉘었다. 스쿠타토이Σκουτάτοι, 혹은 중장보병은 술이 달린 철모를 쓰고 짧은 상의 갑옷을 입었으며, 커다란 직사각형 방패인 씨리스θύρις를 들었다. 방패는 이들의 문양처럼, 연대의 배너와 같은 색깔이었다. 이들의 최고 무기는 짧지만 육중한 전투용 도끼인 치코우리온Τζικούριον이었는데, 앞쪽에는 날이 있고 뒤쪽에는 뾰족한 스파이크가 달려 있었다. 이들에게는 단검도 지급되었다. 반면 경보병 프실로이Ψιλοί는 어떠한 방어 무기도 장착하지 않았다. 대신 이들에게는 기병의 무기보다 훨씬 멀리까지 나가는 활이 지급되었고, 이는 적의 궁기병에게 엄청난 위력을 과시했다. 몇몇 중대는 활이 잘 전파되지 않은 지역에서 차출되었기 때문에 이들에게는 투창인 립타리아Ριπτάρια가 두 개 혹은 세 개 지급되었다. 단 육탄전에서는 경보병에게 스쿠타토이가 들었던 것과 유사한 도끼, 그리고 허리에 달 수 있는 아주 작고 둥근 방패가 보급되었다.[147]

전쟁 물자 조달과 기술자들

대대적인 물자 조달을 위한 비전투병들도 군대에 포함되었다. 네 명의 기병당 한 명의 마부가 붙었다. 열여섯 명의 보병당 한 명의 수행원

---

147 레온 『탁티카』 6권을 보라.

이 붙었다. 이 수행원이 끌고 다니는 수레에는 맷돌, 낫, 톱, 삽 두 개, 나무망치, 커다란 고리버들 바구니, 대낫, 그리고 곡괭이 두 자루[148]가 들어 있었다. 이밖에 지금은 사전을 찾아봐도 정체를 알아낼 수 없는 몇 가지 다른 도구들도 포함되었다.[149] 이에 따라 켄투리아Centuria[150]별로 포함된 20개의 삽과 23개의 곡괭이는 참호를 만드는 용도로 늘 준비되었다. 현대의 보병 중대 입장에서는 자신들의 무기 구성과 비슷하다는 사실에 무척 기뻐할 구성이다. 비잔티움 군대의 조직은 매우 완벽하여 '군수물자 조달' 팀뿐만 아니라 비상시에 대비한 (물자) 운송 부대인 스크리보노이Σκριβῶνοι와 의료병까지 있었다. 병사의 목숨을 가치 있게 여긴다는 사실은 군대가 퇴각할 때 스크리보노이가 돌본 (혹은 치료한, 살려낸) 모든 부상병들에 대해 노미스마νόμισμα[151]를 지급한다는 사실에서 잘 알 수 있다.[152] 특수(한 임무를 수행하는) 장군들이 이 거대한 비전투병 집단과 운송 수단을 관리하는 일을 맡았다. 이 모든 임무는 토울돈Τοῦλδον[153]이라고 불렸고, 『탁티카』에서 적지 않은 부분을 차지하고 있다.

---

148 레온 『탁티카』 6권을 보라.

149 예를 들어 켈리콘Κελίκον과 마초우키온Ματζούκιον.

150 켄투리아(백인대)는 열 개의 데쿠리아Decuria(십인대)로 구성되었는데, 데쿠리아는 실제로 열 명이 아니라 열여섯 명으로 이루어져 있었기 때문에 켄투리아는 백육십 명의 병력으로 구성되었던 셈이었다. 세 개의 켄투리아는 '반돈'이 되고, 여기에는 약 450여 명의 병사가 있었다.

151 그리스 화폐.◎

152 금화는 약 12실링 정도의 금속 가치가 있었다.

153 종자從者.◎

마우리키우스와 레온의 저서에서 전술을 다룬 부분들은 6세기와 9세기의 군사 체제의 차이, 특히 방법 사이에 아주 큰 차이가 있음을 보여준다. 레온이 저술한 책의 장들은 자연스럽게도 그의 전임자들이 쓴 것보다 훨씬 흥미로운 특징을 보여준다. 그가 서술한 부분은 주목받아야 마땅하다.

우선 주목할 만한 점은, 밤마다 둥그렇게 참호를 설치하던 전통적인 로마의 시스템이 부활한 부분이다. 측량사 부대인 멘소레스Μένσορες[154]가 늘 선두와 함께 행군했고, 저녁이 되어 야영을 하게 되면 야영지 주위를 말뚝과 밧줄로 둥글게 둘렀다. 일단 야영지의 주요 부분이 완성되면 종자들이 그 한가운데에 배치됐고, 보병 연대들은 둘러놓은 측량사의 밧줄을 따라 배수로를 팠는데, 각 군단은 정해진 양의 일만 했다. 야영지는 먼 곳에서부터 겹겹이 선 초소병들이 지키고 있었기 때문에, 아무리 깊은 밤이라도 습격해 들어오기란 거의 불가능했다.[155]

장교들

전술적인 면에서 비잔티움 군대의 가장 특징적인 점은 작은 규모의

---

154 원문 표기 그대로 기재.

155 니키포로스 2세 포카스는 그의 책 『전시 척후전에 대하여』에서 '아르메니아인들은 절대 경계병으로 세우면 안 된다. 밤에 습관적으로 졸아서 쓸모가 없기 때문이다'라고 기술했다.

다양한 부대들이 전술에 활용됐다는 점이다. 이는 더 높은 수준의 규율과 훈련이 존재했다는 명백한 증거다. 서유럽 국가의 군대가 각각 수천 명이 모인 두 개 혹은 세 개의 전투들을 서투르게 치르는 동안, 이와 세력이 비등한 비잔티움 군대는 수많은 부분으로 나뉘어 전쟁을 치를 수 있었다. 레온은 하나의 여단으로 이루어진 종대보다 더 강력한 힘을 가진 종대는 없다고 여겼었던 듯싶다. 아주 많은 독립된 부대로 이루어진 대열에서 질서정연함과 응집력이 발견된다는 사실은 사령관 휘하 장군들의 평균적인 능력이 높았다는 점을 보여주는 가장 좋은 예이다.

9세기와 10세기, 비잔티움 제국의 백작과 연대 사령관은 대부분 귀족 계급에서 차출되어 구성됐다. 레온은 '부유하고 용감하며 고귀한 태생의 남자들을 충분히 확보해 군대를 꾸리는 데 문제가 될 것은 아무것도 없다'라고 말했다.[156] 그들의 고귀한 태생은 병사들로 하여금 우러러보게 만들었고, 그들이 가진 부는 때때로 적절한 생필품을 병사들에게 선물하게끔 함으로써 큰 인기를 확보할 수 있게 만들었다. 비잔티움 제국의 귀족 집안들에는 진정한 군인 정신이 깃들어 있었다. 스클레로스와 포카스, 그리고 브리엔니우스, 케르쿠아스, 콤니노스 가문들에서는 대를 이어 국가의 장군들을 배출했다고 알려졌다. 귀족 출신 장군은 그가 가진 귀금속과 사적인 관계를 모두 뒤로 한 채 콘스탄티노폴리스에 입성했고, 전장에서 명민한 전문 군인이 되었다.[157]

---

156 레온 『탁티카』 4권. § 1.

157 비잔티움 귀족의 진정한 군사적 특성에 대해 10세기 무렵의 로망스인

기병 전술

레온의 저술에서 보병은 매우 부차적인 역할만을 한다. 많은 경우에 그렇다. 그는 전술적인 지시에서 기병이 따라야 할 전체적인 명령만을 내리고 보병에 관한 내용은 언급하지 않는다. 이는 상대해야 할 적이 재빠르게 움직이는 사라센이나 튀르크족 같은 군대일 때, 보병은 전투가 벌어지면 후방에서 적을 상대해야 할 가능성이 높았다는 사실에 기반하고 있다. 그러므로 비잔티움 제국의 가장 전형적인 전술들의 발전을 보여주기 위해 아홉 개 반돈으로 구성된 투르마, 혹은 4천여 명의 병사들이 대부분 기병으로 이루어진 적군과 싸우기 전에 어떤 대열로 있었는지 설명하고자 한다.[158]

전열의 앞 열은 각각 일곱 줄(때때로 다섯 줄)의 횡렬로 이루어진 세 개의 반돈들이 배치됐다. 이들이 적의 공격을 처음 받는 병사들이었다. 최전선 뒤 두 번째 전선은 일반 반돈의 절반 숫자인 하프Half 반돈 네 개가 배치됐는데, 각각 열 줄(때때로 여덟 줄)의 횡렬로 이루어졌다. 이들은 앞 열의 바로 뒤에 배치되지는 않고, 이들 사이에는 공

『디게니스 아크리타스Διγενῆς Ἀκρίτης』만큼 여실히 알려주는 것도 없다. 이는 타우루스 통로의 클레이수라 사령관인 두카스 가문의 한 사람이 자신의 전능한 철퇴를 갖고 기사도 영웅으로 활약하는 내용이다. 그는 실제로 존재했던 인물로 이름은 바실 판테리오스였다. 문예지 「르뷔 데 되 몽드Revue des deux Mondes」 118호를 보라.

158 반돈의 복수형은 반다Banda이며 원문에서는 다수의 반돈을 표기할 때 일종의 단위로서 반다를 사용하고 있다. 이 단어는 명백히 구분되는 명사지만 우리말에서는 '반돈들'로 해소가 가능하기에 가독성을 위해 본 번역에서는 반돈으로 통일하여 기재하였다.◎

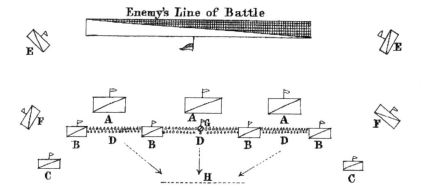

전투 시 비잔티움 기병 투르마TURMA의 배열

A.A.A. 최전선, 각 450명의 병사로 이루어진 세 개의 반돈.

B.B.B.B. 두 번째 전선, 225명의 병사로 이루어진 네 개의 하프 반돈.

C.C. 예비병력, 동일한 전력으로 이루어진 두 개의 하프 반돈.

D.D.D. 두 번째 전선 사이의 간격을 채우는 두 줄로 이루어진 반돈 한 개.

E.E. 에네드로이Ἔνεδροι, 또는 적의 측면을 공격하는 임무를 맡은 본대로부터 떨어진 날개. 각각 225명 또는 하나의 반돈으로 이루어진다.

F.F. 플라기오필라케스Πλαγιοφύλακες는 비슷한 방식으로 공격해오는 적을 막기 위해 배치된 병사들로 각각 225명 또는 하나의 반돈으로 이루어진다.

G. 사령관과 그를 보좌하는 병사들.

H. 두 번째 전선이 돌격했다가 D.D.D의 군사들이 밀렸을 때 위치하는 곳.

간이 있어서 만약에 최전선이 밀릴지라도 그 공간 내에서 움직일 수 있기에 그 뒤의 다른 병사들은 밀리지 않았다. 그러나 두 번째 줄이 견고하게 버티게 하기 위해서 하나의 반돈은 세 개로 나뉘어, 2열 횡대가 되어 네 개의 하프 반돈 사이 사이를 채웠다. 이 병사들은 최전선의 병사들이 뒤로 밀리면서 두 번째 줄 사이의 간격이 좁아지는 상황을 목격하면, 뒤쪽으로 물러서면서 대열의 한가운데를 지지했다. 하프 반돈 두 개로 이루어진 주요 예비 병력은 두 번째 열의 측면에 붙어 있었지만 상당히 뒤쪽에 위치했다. 이 후퇴하는 반돈과 함께 대열을 이루는 것은 방금 언급했던 이 예비 병력들이었다. 본대의 각 측면에는 225명으로 구성된 절반의 반돈이 붙어 있었다. 이들은 플라기오필라케스Πλαγιοφύλακες라고 불렸는데, 적군이 투르마의 측면을 공격하는 시도를 막아내는 임무를 맡고 있었다. 만약 위장이 가능한 경우라면, 플라기오필라케스와 비슷한 병력의 부대가 두 개 더 배치되기도 했다. 이들의 임무는 적의 후면에 접근하거나, 적어도 적의 측면에 예상치 못한 공격을 가함으로써 괴롭히는 일이있다. 이들은 에네드로이 Ἔνεδροι 또는 복병 배치lyers-in-wait[159]라고 불렀다. 지휘관의 위치는 보통 두 번째 전선의 가운데였고, 이곳은 맨 앞에 위치한 기병 부대의 어수선한 선두보다 전투의 전체적인 상황을 더 잘 파악할 수 있었다.

---

159 『성경』의 「판관기」 20장 36절에 나오는 베냐민 지파와 이스라엘 지파 간의 전쟁에 관한 구절(『공동번역성서』 '이스라엘 군이 베냐민 군이 보는 데서 뒤로 물러선 것은 기브아 주변에 복병을 배치해 둔 것을 믿었기 때문이었다')의 묘사를 가져온 것이다.◎

레온 황제의 이상적 전선

이러한 대열 구성은 모든 면에서 찬사를 받아 마땅하다. 이는 기병전에서 승리의 핵심이 되는 연속적인 공격을 가능하게 하는 구성이었다. 비잔티움 군대는 자신들의 기세가 꺾이기 전에 5회에 달하는 공격을 적에게 가할 수 있었다. 최전선에서 일정한 간격을 떼고 배치된 두 번째 전선은 최전선이 공격받아 뒤로 밀렸을 때 전체 병력이 함께 무질서해질 가능성을 제거했다. 뒤로 밀리는 병사들은 뒤쪽의 빈 공간으로 밀집할 수 있었고, 덕분에 바로 뒷줄까지 무질서함을 전달하지 않을 수 있었다. 그럼으로써 예비 병력과 떨어져 있는 병사들은 최전선과 두 번째 전선의 남은 병력으로 둘러싸인 적의 중심은 공격할 수 없지만 그들의 측면, 즉 가장 방어가 되지 않고 취약한 부분을 공격할 수 있었다.

비잔티움 군대의 탁월한 조직에 대한 그 이상의 면모는 작은 충돌에서 각 군단이 두 개의 부분으로 나뉘도록 지시되었다는 점에서도 확인할 수 있다. 이때 하나는 쿠르소레스Κούρσορες[160], 즉 '소규모 접전'을 위한 부분으로, 다른 하나는 디펜소레스διφένσορες, 즉 '지원'을 위한 부분으로 기능했다.

레온의 『탁티카』를 완전히 다 다루는 일은 지루하고 불필요한 작업이 될 것이다. 이 정도로도 그들의 힘과 완성도를 보여주기에는 충분하다. 이러한 지휘 형태를 전반적으로 살펴본 것만으로도 동방 제국 군사력의 탄탄한 면모를 쉽게 이해할 수 있다. 규율이 잡히지 않은 슬

---

160 경장기병.◎

라브족과 사라센에 맞서, 제국의 군대는 대부분의 경우 군사 기술과 규율 면에서 어마어마하게 유리한 지점에 있었다. 설명이 필요한 것은 그들이 승리를 거둔 이유보다는 패배한 이유이다.

우리는 1071년에 일어난 만지케르트 전투를 비잔티움 제국의 위대함이 끝나는 순간으로 본다. 이 전투에서 로마노스 4세 디오예니스 (1030?~1072) 황제의 성급함은 소아시아 테마의 군대가 알프 아르슬란(1029~1072)의 궁기병에게 전멸당하는 결과를 불러왔다.[161] 사실 소아시아 테마의 봉건 귀족의 임명자였던 이사키오스 1세 콤니노스(1007~1060/1061)가 부상하면서 핵심 전력이 부패했고 이 때문에 제국의 군대는 이미 약화된 상태였다. 그러나 치명적인 결과의 주요인은 만지케르트 전투였다. 소아시아 내부 지역의 테마를 셀주크 군대가 점령하면서 그곳에서 대다수의 병사를 조달하던 통로가 차단되었기 때문이다. 이로 인해 500년이라는 시간 동안 동방 제국 군대의 핵심을 구성했던 용감한 이사우리아인들과 아르메니아인들을 병사로 데려오는 게 불가능해졌다.

전투 기계들과 그 중요성

아마 독자들은 필자가 비잔티움 제국의 군사 정세와 관련해 대부분

161　셀주크 튀르크의 알프 아르슬란은 이슬람 파티마 왕조를 공략하는 데 공을 들일 계획이었기에 로마노스 황제와는 휴전을 원했지만 로마노스의 도발에 의해 만지케르트 전투가 벌어졌다는 설이 지배적이다.◎

의 저자들이 잘난 체하며 언급하는 '그리스의 불'에 그리 관심을 기울이지 않는다는 점을 발견했을 것이다. 이를 다루지 않은 이유는 그리스의 불이 포위 공격이나 공성전, 해전 등에서 무척 중요하기는 했어도, 어찌됐든 전쟁 전체적인 면에 있어선 비중이 크지 않은 수단이었고 우리가 지금껏 세부적으로 다룬 비잔티움 군대에 승리를 가져다준 전략적이고 전술적인 체계에 비할 게 못 되기 때문이다. 마찬가지 의미에서 제국의 장군들이 사용했지만 순전히 성능으로서만 의미가 있는 다른 기계들 또한 본서에서는 거의 비슷하게 처리했다. 물론 로마 기술자들의 전통 기술은 거의 완벽에 가까울 정도로 보존되어 있었으며 콘스탄티노폴리스의 무기고는 전투 기계들로 가득 차 있었다. 치명적인 위력을 가진 이 기계들은 서방과 동방의 미개인들에게 정체 모를 경외감을 안겨주었다. 1세기에 유명했던 비네아Vinea[162], 투석기 오나게르Catapult Onager와 발리스타Balista[163]는 10세기에도 여전히 명성을 자랑했다.

이 기계들은 의심의 여지없이 이용되었고, 늘 효력을 발휘했다. 그러나 군사 무기를 사용하는 기술적인 요령은 비잔티움 군대가 다른 호전적인 이웃들에게 발휘한 지배력에 있어 큰 부분을 차지하지 못 한다고 본다. 그러한 우월함의 원천은 이들이 지닌 과학과 규율, 전략과 전술, 전문적이면서도 국가에 속한 군대, 그리고 군사 교육을 받

162　길이 4미터, 너비 2.5미터, 높이 2미터 가량의 바퀴 달린 이동식 전차.◎

163　투석기를 응용 발전시킨 것으로 돌이나 대형 화살을 날릴 수 있게끔 만든 거대한 활 모양의 병기.◎

은 상위 계층이 존재했다는 사실에서 찾아야 한다. 따라서 귀족이 단순히 왕에게 아첨하는 역할만 할 때, 외국의 용병들이 이사우리아인 궁병과 아나톨리아인 기병을 대체했을 때, 전통적인 로마의 조직이 단순한 중앙집권화에 자리를 내주었을 때, 아무리 전투 기계를 다루는 뛰어난 기술을 물려받았다고 해도 비잔티움 제국의 쇠락을 막을 수는 없었다. 십자군 전쟁이 시작되면서 드러난 서유럽 기사들의 용맹은 코스로에스(496~579)[164]와 크룸(?~814)[165], 무슬림 제국과 스비아토슬라프 1세(942~972)[166]가 달성하지 못한 과업을 성취하도록 했다.[167] 그러나 십자군이 정복한 것은 이라클리오스(575~641)와 요안니스 1세 치미스키스(925~976)[168], 이사우리아인 레온(685~741)[169], 또는 아르메니아인 레온(775~820)[170]의 제국이 아닌,

---

164 사산조 페르시아의 왕으로 정국을 안정시키고 정복전쟁을 시도했다.◎

165 불가르족의 왕으로 프랑크 왕국과 비잔티움 제국을 압박하는 강력한 왕국을 만들었다.◎

166 키예프 공국의 대공으로 불가리아 원정에서 요안니스 1세 치미스키스에게 패배했다.◎

167 열거된 인물들 모두 비잔티움 제국을 위협했지만 정복하는 데는 실패했다. 그러나 제4차 십자군은 기이한 정치적 왜곡을 거쳐 콘스탄티노폴리스를 점령한 후 대규모 학살극을 벌인다(1204). 그후 서유럽인들은 콘스탄티노폴리스를 수도로 하는 라틴 제국을 세웠고 비잔티움 제국은 망명한 왕가들이 세운 세 개의 나라들로 명맥을 이으며 제국 수복의 기회를 노리게 된다.◎

168 키예프 공국과의 전쟁을 승리로 이끈 후 동방 원정을 나섰다.◎

169 이슬람 세력의 유럽 진출을 막으며 테마 제도를 정비했다.◎

170 불가르족의 공격을 막아냈다.◎

초라한 알렉시오스 앙겔로스(1182~1204)[171]의 축소되고 무질서해진 영토일 뿐이었다.

---

171 삼촌에게 넘어간 제위를 되찾기 위해 제4차 십자군과 협약하여 콘스탄티노폴리스를 점령하고 황제에 올랐으나 즉위 4개월 후 쿠데타가 일어난 와중에 암살당했다.◎

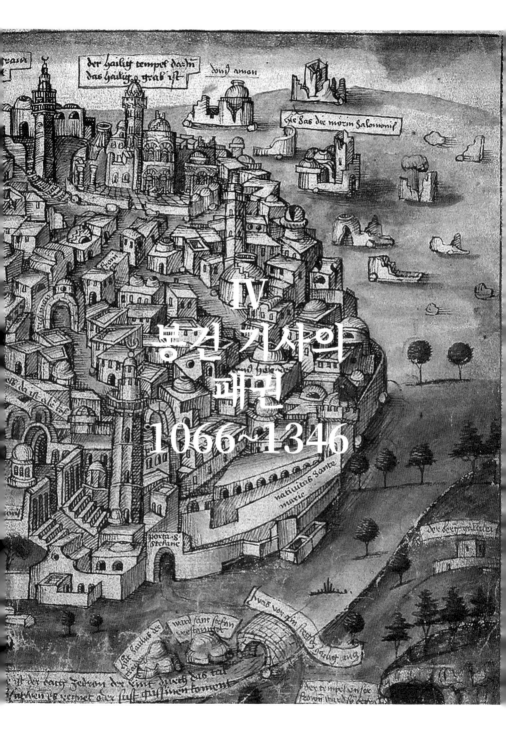

IV
봉건 기사의
패권
1066~1346

봉건 시대 전쟁의 비과학적 환경

앵글로데인족 보병대의 마지막 악전고투와 14세기의 창병 및 궁병의 부상 사이에는 사슬갑옷Mail-clad을 입은 봉건 기병이 패권을 장악한 시대가 있었다. 이 시대는 전략과 전술 면에서 전적으로 정체 시기였다. 폴리어케틱스Poliorcetics[172]와 관련된 단 한 부분에서만 전쟁의 기술이 유일하게 주목할 만한 발전을 보였을 뿐이다.

이 사회의 봉건 조직은 귀족 가문의 모든 남자를 출정하도록 만들었으나, 모든 남자가 군인이 된 것은 아니었다. 12~13세기에는 말에 곧게 앉아서 창과 검을 효과적으로 다룰 수 있는 기병을 군사적 효용의 전형으로 여겼다. 규율이나 전술 능력 또한 용맹만큼 중요하다는 사실은 간과되었다. 봉건 군대는 불평, 반항심, 지휘 불가능성 등 군인답지 않은 특성들로 복잡하게 얽혀 있었고, 이는 군대로서의 공존을 상상하기 힘들게 만드는 수준이었다. 10세기의 군대는 당시 기독교 세계에 위협을 가한 마자르족과 북부 민족, 또는 사라센으로부터 국경을 지키는 일이 본래 목적이었지만 이들은 전투에서 완전히 무력했다. 봉건영주Tenant-in-chief들은 모이기만 하면 동료에 대해 근거 없는 질투심을 느꼈고, 왕 외에는 누구도 자신보다 위에 있으면 안 된다고 생각했다. 따라서 이 집단의 지도자가 되기 위해서는 이들에게 계급에 따른 지휘 체계를 도입하자고 설득할 수 있는 비범한 능력이 필요했다. 이는 규율이 아예 없는 폭도들의 집단보다 조금 더 의미 있는 조직을 만들기 위해 필요한 부분이었다. 그래서 군주는 총사령

---

172 공성과 수성 전술.◎

관Constable과 의전관Marshal과 같은 관직을 만듦으로써 규율을 잡으려 했으나, 이는 임시방편일 뿐이었다. 근본적으로 반항적인 기류는 계속 존재했다. 전투로 치닫는 일촉즉발의 상황에서 전열이 무너지고 계획이 전복되는 일이 비일비재했는데, 이는 자신의 멍청한 투지에 도취된 한심한 남작이나 기사들의 성급함 때문이었다. 지휘 체계의 기반은 전문적인 경험보다는 사회적 지위였기에 가장 큰 분견대를 끌고 왔거나 가장 높은 계급에 위치한 자는 본인이야말로 총사령관의 자격이 있다고 생각하곤 했다. 반면 노련한 군인들은 전장에서 겨우 몇 개의 창만을 쥘 뿐, 상관의 지휘에는 거의 영향을 미치지 못했다.

무모한 돌격의 결과

용맹함이 기술과 경험보다 앞설 때, 전술과 전략은 모두 사라진다. 봉건 기사가 문제를 해결하려고 하면 특유의 오만과 무지가 개입하곤 했다. 시기와 장소는 달랐을지 모르지만 전투에서 벌어진 일들은 모두 똑같았다. 알 만수라 전투(1250)[173]는 알주바로타 전투(1385)[174]와

---

173 프랑스의 루이 9세에 의해 예루살렘 정복을 목표로 제7차 십자군이 모집되어 거점 확보를 위해 맘루크 왕조가 다스리는 이집트 알 만수라를 공략한 전투다.◎

174 7천여 명 가량의 포르투갈군이 3만 명에 달하는 카스티야군의 재침공에 맞서 승리를 거두고 독립된 포르투갈 왕국의 발판을 마련한 전투다.◎

같다. 니코폴리스 전투(1396)[175]는 쿠르트레 전투(1302)[176]와 같다. 일단 서유럽 기사들은 시야에 적군이 들어오면 자신의 돌격을 자제할 수가 없었다. 쇠사슬갑옷을 입은 이 무리는 방패는 제 위치에, 장창은 창받침Lance rest에 놓고 박차로는 군마를 조종하며 앞에 무엇이 있든 상관없이 적을 향해 무작정 돌격했다. 그리고 많은 경우 석벽에 충돌하거나 수로에 빠지고, 수렁에서 고통스럽게 허우적거리거나 말뚝 울타리 주변을 헛되이 맴돌다 군인으로서의 생명을 끝내곤 했다. 덕분에 가장 기초적인 전술 체계만을 가진 적조차 이들 군대를 만나면 패배할 일이 거의 없었다.

13세기 전투 관습의 가장 전형적인 견본으로 내세울 만한 사례는 알 만수라 전투다. 프랑스 군의 선두는 그들 앞에 펼쳐진 평지와 야자 숲에서 장창을 든 무슬림 군단을 보았을 때, 투지를 주체할 길이 없었다. 루이 9세(1214~1270)가 섣부른 전투를 엄격히 금했음에도 불구하고 아르투아Artois 백작을 선두로 한 이들은 앞뒤 가리지 않고 공격을 감행했다. 맘루크 군대[177]는 후퇴했다. 그러나 이를 쫓던 군대가 마

---

175 오스만 제국의 바예지트 1세(1360~1430)가 발칸 반도 공략을 통해 니코폴리스를 수중에 넣자 교황 보니파시오 9세(1355~1404)의 십자군 선포에 의해 헝가리, 신성로마 제국, 프랑스, 잉글랜드, 스코틀랜드, 폴란드, 베네치아, 제노바, 왈라키아 등 유럽 국가들이 연합을 맺고 니코폴리스에서 전투를 벌이나 오스만 제국의 대승으로 끝난다.◎

176 황금 박차 전투라고도 불리며 플랑드르 경제 주도권을 두고 플랑드르 백작 및 도시 당국과 프랑스 국왕 필리프 4세 사이에 벌어진 전투다. 기병 위주의 프랑스군은 보병 위주의 플랑드르 민병대에게 패배했다.◎

177 이슬람교로 개종한 중앙아시아, 동유럽 출신의 노예로 어린 시절부터 군인으로서 육성된 엘리트 군인 부대이며 여러 군사적 업적들로 인해 당대 최

을에서 서로 뒤얽혔을 때, 그때까지 쫓기던 이들은 몸을 돌려 전방위적으로 반격했다. 결국 아르투아 백작이 이끌던 모든 군대는 단시간에 흩어지고 궤멸되었다. 이 사이, 동료들이 위험에 빠졌다는 소식을 들은 본진이 이들을 돕기 위해 성급하게 지원에 나섰다. 그러나 각 지휘관이 각기 다른 길을 선택해 각자의 속도대로 가는 바람에 프랑스군은 수십 개의 소대로 나뉘어 시간차를 두고 전장에 도착했다. 이들은 각개격파 당했고 많은 수가 맘루크 병사들에게 쫓기게 되었다. 이들은 큰 전투가 아닌, 따로 떨어져 일관성 없이 진행된 대다수의 기병전에서 크게 패했다. 십자군의 이러한 무모한 열정은 소규모 접전과 시가전 들을 불러일으켰고 이로 인해 많은 병력을 동원한 전투에서도 서유럽 기사들은 무참히 패배하곤 했다.

작전의 준비

봉건 세력의 진열은 하나의 패턴으로 정형화되었다. 규율이 잡히지 않은 병사들은 유기적으로 움직이는 데 익숙하지 않았고 이 때문에 많은 수의 소대를 결합해 움직이는 일은 불가능했다. 전체 기병단은 보통 세 개의 난잡하고 큰 집단 혹은 부대들로 구성되어 적에게 돌진하는 형태를 띠었다. 예비 병력을 훈련하는 임무는 몇몇 사령관들이 맡

고의 군사 집단으로 평가된다. 알 만수라 전투가 일어난 1250년에는 이집트에 맘루크 왕조를 세우고 바이바르스 술탄(1223?/1228?~1277)이 집권한 상황이었다.◎

앗지만, 그들은 이러한 일을 맡기에는 나이가 어렸다. 사실 봉건 지휘관이 맨 앞 열로 나오도록 설득하는 일은 무척 어려웠는데, 나온다 해도 패하면 전쟁에서의 공로를 인정받지 못했기 때문이다. 두 개의 부대들이 충돌하면 공포스러운 아수라장Mêlée이 펼쳐졌고 이는 종종 몇 시간씩이나 이어졌다. 가끔 양쪽은 협의하에 뒤로 물러나 서로 쉴 틈을 주기도 했으며, 다시 적을 향해 돌진해 한쪽 편이 우세를 점하여 전장을 떠나게 될 때까지 싸움을 지속하기도 했다. 브랑빌 전투와 부빈 전투(1214)[178] 또는 베네벤토 전투(1266)에서의 교전은 황야나 언덕에서 벌어진 말과 사람이 뒤섞인 거대한 난투 그 이상도 이하도 아니었다.

중요한 순간의 예비 병력의 이용, 군단의 일부를 떼어 적군의 측면 공격 감행, 또는 전투 시 가장 유리한 위치의 선점 등등은 가장 기초적인 전술이다. 그러나 이 시기에는 그러한 전술들이 몹시 탁월한 군사 기술로 인정받곤 했다. 예를 들어, 기벨린Ghibellines[179] 세력이 앙주 세력과의 전투에 대비해 흩어져 있을 때, 앙주의 샤를(1226~1285)[180]은 탈리아코초Tagliacozzo에서 기사단을 몰래 빼내어 콘라딘(1252~1268)[181]의 군대를 뒤에서 공격하도록 지시했고, 덕분

---

178   프랑스 릴시 교외에 위치한 부빈에서 신성로마 제국, 플랑드르, 잉글랜드의 연합군과 프랑스 군대가 맞붙어서 프랑스 군대가 승리한 전투.◎

179   중세 이탈리아에서 교황에 반대하며 신성로마 제국 황제를 지지한 당파.◎

180   1266년부터 시칠리아 섬과 이탈리아 반도의 나폴리 일대를 지배한 카페 앙주 왕조의 당주.◎

181   호엔슈타우펜 가문의 마지막 상속자로 시칠리아 왕국과 예루살렘의 왕

에 그는 위대한 사령관의 칭호를 얻을 수 있었을 정도였다. 시몽 드 몽포르Simon de Montfort 또한 루이스 전투(1264)에서 예비 병력을 지키고 이용하여 높은 명성을 얻었지만, 이브샴(1265)에서는 기습 공격을 당하는 바람에 강을 등진 위치에서 전투를 치를 수밖에 없었고, 이로 인해 퇴각이 불가능했던 사실을 잊어선 안 된다.[182] 즉, 이 시대에 인정받아야 할 것은 무기의 탁월함이지 지휘 능력이 아니다. 연대기 저자들의 저술에 따르면 공로를 인정할 만한 많은 지휘관들이 존재했다고 볼 수 있다. 그러나 그들에 대해 격찬을 늘어놓은 그 시대 사람들의 의견이 아니라 그들 개개인의 행동 자체를 본다면, 우리가 탁월했다고 생각했던 이들의 능력은 충격적으로 다가올 것이다.[183]

원시적 환경

전쟁에서 소규모 작전에 대한 이해가 조악한 수준이었다면, 전략-

위를 주장했으나 베네벤토 전투에서 앙주의 샤를에게 패하고 처형됐다.◎

182 시몽 드 몽포르는 프랑스 귀족 출신이나 잉글랜드 레스터 백작이었던 어머니 쪽 가문을 승계하였으며, 귀족과 성직자, 기사, 시민이 참여하는 잉글랜드 의회를 최초로 소집했다. 의회의 요구에 불응한 왕 헨리 3세(1207~1272)를 루이스 전투에서 이기고 굴복시키나 헨리 3세의 아들 에드워드 1세(1239~1307)와 이브샴 전투에서 맞붙어서 패하고 전사한다.◎

183 예를 들어 푸아티에 전투(1356)에서의 패배를 만든 쓸데없는 조언을 건넨 외스타슈 드 리보몽Eustace de Ribeaumont은 우리에게 능력 있는 장군으로 알려져 있었다.

전쟁의 기술 면에서 더 높은 단계의 분과-은 아예 부재했다. 이 시절 군대가 적지로 침입하는 일은 전략적 요충지를 치기 위해서가 아니라 단순히 영토에 불을 지르고 괴롭히는 것이 목적이었다. 급양 체계가 조직화되지 않았기 때문에 가장 풍족한 지역에서도 식량이 금방 떨어졌으며, 침입자가 들쑤시고 다니는 이유도 높은 수준의 목표보다는 단순히 생필품을 구하기 위해서였다. 군대에 도입된 체계적인 제도는 이 시대가 거의 끝날 즈음에야 찾아볼 수 있다. 심지어 그 체계들도 순전히 필요에 의해서만 도입되었다. 예를 들어 웨일스나 스코틀랜드처럼 가난하고 개척되지 않은 땅을 맞닥뜨린 잉글랜드의 왕들은 자신들이 이런 곳에서 살 수 없다는 것을 깨달았고 군사들이 굶지 않도록 조치를 취해야만 했다. 그러나 플랑드르나 롬바르디아에 진출한 프랑스와 독일의 군대, 또는 프랑스에 머무른 잉글랜드의 군대는 그들이 침입한 지역에서 약탈을 감행할 능력이 차고 넘쳤다는 사실을 모든 역사적 사료에서 찾아볼 수 있다.[184]

---

184 잉글랜드의 왕세자로 백년전쟁 당시 프랑스를 위협하는 다수의 결정적인 전투를 승리로 이끈 흑세자 에드워드(1330~1376)가 프랑스 남부에서 펼친 군사 작전, 예를 들면 푸아티에 전투는 단순히 거대하고 파괴적인 습격으로만 이루어졌다. 그는 주요 마을은 포위하지 않았고 그가 지나온 지역을 다스릴 직책을 세우려고 하지도 않았다(국내에서는 흔히 흑태자 에드워드로 불리나 동아시아에서 태자는 황위계승자를, 세자는 왕위계승자를 지칭한다는 점을 감안하면서 황제가 아닌 국왕의 지위만 있었던 영국의 역사를 적용하면 흑세자라고 불리워야 한다. 흑세자라는 별칭은 르네상스 시대에 등장했으며 보다 정확한 명칭은 '웨일스공 에드워드'다).

전략의 부재

전체적으로 이 시기에는 훌륭한 전투가 흔치 않았다. 이 시기에 전쟁들이 길게 이어지고 있었다는 사실을 염두에 두면 이 현상이 다소 이상해 보일 것이다. 그러나 오랫동안 이어진 교전은 단지 몇 개의 단편적인 소규모 접전만을 낳았을 뿐이다. 현대의 군사 작전과 비교하면 사령관의 개입도는 극히 낮았다. 프리드리히 대왕(1712~1786) 또는 나폴레옹 1세(1769~1821)가 1년 동안 치른 전투의 횟수는 중세의 사령관이 10년 동안 한 그것보다 많았다. 딱히 뚜렷한 목적 없이 양쪽 군대는 서로 대립했고, 이들은 주둔기지나 전초기병을 활용해 서로를 감시하지 않았기 때문에 가는 길이 엇갈리곤 했다. 그래서 보통 로마의 낡은 시가지나 모든 길이 한 지점으로 모이는 여울이나 다리 등 지형 상 꼭 만나게 되는 지점에서만 마주치곤 했다. 당시 상대편 장군에게 시간과 장소를 정하여 전투 신청을 하면 그가 이를 받아들이곤 했다는 사실보다 이 시절의 군사 기술이 얼마나 원시적인 형태였는지 잘 보여주는 증거도 없으리라. 이러한 사전 논의 없이는 상대편의 위치를 잡지 못하고 서로 다른 방향으로 흩어질 위험이 있었기 때문이었다. 지도가 없고 지리적 지식이 부족하며 부정확한 시절이었기 때문에 이러한 상황은 상상하기 어려운 일이 아니었다. 심지어 두 세력이 실제로 근접해 있더라도 전투를 시작하려면 때때로 사령관이 가진 능력보다 더 높은 능력이 필요했다. 헝가리의 벨라 4세(1206~1270)와 보헤미아의 오타카르 2세(1233~1278)는 1260년에 군대에 있었고, 둘 다 똑같이 싸움이라면 사족을 못 썼다. 그러나 그들이 서로를 발견했을 때, 그들 사이에 모라바 강[185]이 흐르고 있음을 확인하는 것 외에는 별다른 수가 없었다. 적군을 마주하고 강을 건너는 것은 13세기의 사령관에게는 능력치를 아득히 벗어나는 임무였다.[186] 이는 2년 전, 루이 9세가 아쉬뭄 운하의 강둑에서 발견한 사실이기도 했다.[187] 이에 비추어 보면, 보헤미아의 왕이 적군에게 모라바 강을 건너와서 서쪽 제방에서 서로 대열을 갖춘 후 싸우거나, 아니면 헝가리 쪽 길로 들어오게 해줄 테니 그쪽에서 싸우자는 친절한 제안을 한 것도 이해 못할 바는 아니다. 벨라 4세는 전자의 방안을 택해 아무런 저지 없이 강을 건넜으며, 강 반대편에서 처참한 크레센브룬 전투를 치렀다.

나약한 보병

12세기와 13세기의 보병은 굉장히 하찮은 존재였다. 군대와 함께 출정한 보병들은 야영지에서 잡일을 하거나 이 시기에 수없이 이루어진 포위 작전들을 돕는 데 쓰였다. 때때로 이들은 경보병으로서 전투가 개시될 때 양동작전으로 쓰이기도 했다. 그러나 사실상 중요한 역

---

185 오스트리아, 체코, 슬로바키아에 걸쳐 흐르는 도나우 강의 지류.◎

186 에드워드 3세(1312~1377)와 헨리 5세(1386~1422) 둘 다 솜 지방을 지나면서 엄청난 고충을 겪었다(에드워드 3세는 프랑스군의 함정에 의해 솜 강과 센 강 사이에 갇혔던 적이 있으며 헨리 5세는 아쟁쿠르 전투를 치르기 전 솜 강 근교에서 프랑스군의 저지를 뚫어야 했다).

187 루이 9세는 알 만수르 전투 때 아쉬뭄 운하를 건너간 후 알 만수르 안에서 포위 공격을 받고 패배했다.◎

할은 전혀 하지 못했다. 심지어 그들의 영주들은 때때로 보병들이 기병대의 진격을 너무 오래 늦춘다고 생각되면 기병에게 그 가련한 추종자들을 넘어 달려가서 접전을 끝내게끔 명령하곤 했다. 부빈에서 불로뉴 백작은 그의 보병단으로 하여금 큰 원을 만들어 그 안에 기병들을 위치시키고 지친 말을 쉬게 하며 짧은 휴식 시간을 갖게 도와주는 일 이상의 용도를 발견할 수 없었다. 간혹 전장에 대규모의 보병대가 나타나긴 했다. 하지만 이는 신체 건강한 남자들이 배신陪臣 소집령 Arrière-ban[188]에 따라 의무적으로 모인 것이지, 2만 혹은 10만 명에 달하는 반쯤 무장한 이 소작농과 시민 들을 추가해 군대를 더 강력하게 만들겠다는 목적은 아니었다.

이 시기의 보병이 군사적으로 가치 없는 가장 큰 이유는 무기가 잡다하다는 데 있었을 것이다. 긴 창을 지닌 스코틀랜드의 로우랜더스 Lowlanders 같은 병사들, 프리드리히 2세가 이끈 쇠뇌Cross-bow[189]를 든 사라센 출신 보조 병력들은 그나마 이들이 지닌 무기가 균일하다는 면에서 어느 정도 존중을 받아야 한다. 그러나 일반적인 보병대의 경우는 달랐다. 제각기 다른 무기들을 들고 규율도 잡혀 있지 않은 이

188 한 주군이 자신의 종신 부대 외에 종신의 종신 부대까지 소집할 수 있는 권한이다. 서구 봉건제 질서에서 이러한 권한은 매우 예외적인 것으로 오직 국왕(중세에는 현실적으로 유일하게 봉건제가 정착되었던 프랑스 국왕)만이 갖고 있었다.●

189 한자로는 노弩라고 하며 동서양에 걸쳐 널리 만들어졌던 십자가 형태의, 활과 유사한 기능을 가진 투척무기. 국내에는 흔히 석궁石弓이라고 알려져 있었으나 이는 탄궁彈弓을 잘못 번역했다는 게 현재의 대체적인 결론이기에 본서에서는 우리나라에서 과거부터 해당 형태의 무기를 지칭하는 단어였던 쇠뇌로 통일했다.◎

들은 기병의 공격에 무방비 상태로 노출되었다. 이들은 공격에 견디기 위한 진영을 이루지 못한 채 짓밟히고 무너졌다. 그런데 이 시기의 막바지에 거둔 보병대의 새로운 성공은 이러한 특징과는 궤를 달리한다. 비잔티움 제국이 보유한 '위대한 군단'의 보병들은 아테네 공국[190]의 모든 중장기병을 늪지로 유인함으로써 무찔렀다. 보병들은 쿠르트레 전투도 이와 비슷한 방법으로 승리했지만 이는 플랑드르인들의 나무망치Mallet나 쇠말뚝Stave 덕분이 아닌, 프랑스 기병들이 자신의 동료를 좇아 성급하게 수로로 뛰어든 탓에 얻은 승리였다.

규율을 도입하려는 시도

봉건 세력에 어느 정도 효율성을 더하려는 노력은 군주들로 하여금 다양한 방안을 찾도록 만들었다. 프리드리히 바르바로사(1122~1190) 황제는 군율을 도입함으로써 규율을 잡으려고 애썼다. 그러나 당시 기록물에 나타난 내용을 참고하면, 군인들의 복종을 꾀하는 데에 큰 성공을 거두지는 못했다. 예를 들어 1158년 에그버트 폰 부텐이라는 오스트리아의 젊은 귀족은 근무지를 이탈해 천여 명의 군사를 이끌고 밀라노의 입구를 포위하려 했다. 그는 명령을 어기고 주제넘게 행동하는 바람에 목숨을 잃었다. 이는 순전히 이 시기의 분위

---

190 제4차 십자군에 의해 1205년에 아테네에 세워진 나라로 이후 여러 나라의 속국으로서 존재하였다. 1444년 비잔티움 제국에 점령되었다가 1458년에 오스만 제국에 완전히 병합되었다.◎

기 때문이었으며 어떤 경우든 예외가 없었다. 황제의 엄격하고 위엄 있는 카리스마로도 복종을 이끌어내지 못한다면 그보다 약한 통치자들에게는 이러한 과제가 거의 불가능이나 다름없었다. 따라서 대다수의 군주들은 다른 종류의 군대를 가질 수밖에 없었는데, 이들은 사기 면에서 제국의 군대보다는 열등했지만 규율 면에서는 더 다루기 쉬웠다. 바로 12세기 중반 이후부터 용병들이 유입되기 시작한 것이다. 이들은 고귀한 목표와 용기 같은 가치를 몰랐고 종교와 이웃의 적이었으며 유럽 내에서는 미움 받아 마땅했지만, 군주들이 소중하게 여기는 존재였다. 전쟁이 단순한 변경 침입에 그치지 않고 봉건지에서 멀리 떨어진 곳에서 긴 시간 지속되는 양상이 되자 그저 봉건 군대에만 기대는 게 불가능해져서이기도 했다. 그러나 용병대에게 지급할 많은 돈을 어떻게 마련할지의 문제는 늘 명확하지 않았다. 그중 가장 눈에 띄는 방법은 잉글랜드의 헨리 2세(1133~1189)가 각 기사들의 복무 대신 징수한 병역면제세Scutage였다. 이로 인해 대다수의 소작인들 또한 각 기사의 병역면제세를 채워줌으로써 자신은 징병의 의무를 벗어날 수 있었다.

용병의 부상

용병들은 모든 면에서 봉건 군대에서 선호되었고 왕은 용병들과 함께 바다를 건너곤 했다.[191] 이 외국인 용병들은 욕심이 많고 흉포해

---

191 '그는 그의 주요한 대귀족들 중 매우 적은 수를 이끌었다. 하지만 용

서 매우 불쾌한 존재였으나 적어도 정기적으로 급료를 받는 한 이쪽 편에서 싸우리라고 믿을 수 있었다. 모든 왕들이 전쟁 시 이들이 필요하다고 느꼈지만 특히 법을 잘 지키지 않고 압제적인 왕들에게 이들의 존재가 요긴했다. 호전적인 귀족들을 견제하기 위해서는 넉넉한 수의 용병을 이용하는 방법밖에는 없었다. 전제정은 군주가 거느리는 강력한 세력이 국가에 대한 열망이나 감정을 품지 않았을 때에만 가능하기 마련이다. 고대 그리스에서처럼 당시 유럽의 폭군은 고용한 외국인 병사들을 자신의 세력 기반으로 삼았다. 잉글랜드의 존왕(1166~1216)이 루티에Routiers[192], 브라반트인들Brabançons, 또는 측근들Satellites을 뽑을 때, 그는 무의식적으로 페이시스트라토스(B.C.560~B.C.527)[193]와 폴리크라테스(B.C.574~B.C.522)[194]를 모방했다.

그러나 13세기 용병의 군사적 효용성 또한 평균적인 봉건 기사의 수준을 능가하지는 못했다. 용병 또한 봉건 기사처럼 중장기병이었는데, 전쟁에서의 전투 방식에 어떤 급진적 변화를 불러오지는 못했다. 이들은 훈련이 더 잘 되어 있기는 했으나 여전히 구식 체계에 따라—

병들의 수는 셀 수 없을 정도였다Capitales barones suos cum paucis secum duxit, solidarios vero milites innumeros.' 로베르 데 몬테Rob. de Monte(12세기 노르망디 수도사이자 연대기 작가), 1159.

192 프랑스어로 용병을 뜻한다.●

193 아테네의 참주로 용병 호위대를 거느리며 무력으로 권력을 쟁취해서 유명하다.◎

194 사모스 섬의 참주로 군대를 통해 국내 정치에 압박을 꾀했으며 해적 행위로 부를 축적했다.◎

혹은 체계 없이-싸웠다. 이 시기 기병 전술의 특징 또한 별다를 게 없었다.

용병의 역사는 성과를 낸 후 흩어지는 게 아니라 함께 긴 전쟁을 수행하고 대륙을 건너 자신들을 고용할 곳을 찾아다니면서 마지막 단계로 넘어가게 됐다. 그러나 '위대한 군단'과 이탈리아의 콘도티에로 Condottiero[195]의 시대는 13세기보다는 14세기에 주로 펼쳐지기 때문에 이는 앞으로 나올 장에서 논하기로 한다.

확고한 입지가 갖는 최고의 중요성

이 시기 전체적인 군사 역사를 봤을 때 가장 주목할 만한 특징은 단연 요새화된 성들의 중요성과 폴리어케틱스에 있어 방어력을 이용해 우세를 점할 수 있게 된 점이다. 전투의 횟수는 적었던 반면 포위 공격은 자주 일어났으며 비정상적으로 길게 이어졌다. 봉건세 소식에서 성은 갑옷을 장착한 기사만큼이나 중요한 부분이었기에 귀족들은 자신의 병사들과 군마들을 계속해서 방어에만 치중하게 함으로써 거주지를 꾸준히 요새화하곤 하였다. 11세기의 노르만 성은 보통 거대한 본채와 이를 둘러싼 직사각형의 담으로 이뤄졌고, 케어필리 성[196], 카나번 성[197]처럼 중앙에서 모든 일을 관장하는 정교한 시스템을 만들었

---

195 이탈리아 중소도시들이 고용한 용병.◎

196 13세기에 지어진 웨일스의 성으로 웨일스에서 가장 규모가 큰 성.◎

197 웨일스의 성으로 에드워드 1세에 의해 지어졌으며 콘스탄티노폴리스

다. 마을의 벽은 성채를 방불케 했으며, 모든 나라들은 크고 작은 요새들로 가득했다. 이 시기 진정한 군사적 역량은 요새를 지휘하는 장소를 어디로 정하느냐 여부에서 특히 잘 나타난다. 잘 형성된 하나의 강력한 근거지가 전체 지역을 총괄할 수 있었기 때문이다. 리처드 1세 (1157~1159)가 지은 거대한 샤토 가이야르[198] 성채는 적절하게 운영된다면 동 노르망디 전체를 방어할 수 있었다는 점에서도 알 수 있다.

방어태세와 중세의 포위 작전

　중세 요새의 강점은 탁월한 견고함에 있다. 15~30피트[199] 두께의 벽은 페리에르Perriéres, 캐터펄트Catapults, 그리고 트레뷰쳇 Trebuchets 등 당시의 공성 무기로는 친다고 해도 끄떡없었다. 노르만 양식의 아성Keep은 단단하고 높은데다 나무를 쓰지 않아 불이 붙을 염려도 없었다. 또한 땅에 가까운 곳에는 문이 없어서 침입당할 염려도 적었기 때문에 방어에 있어서 거의 완벽에 가까운 기능을 가졌다. 아무리 허약한 수비대일 지라도 식량이 동나지 않는 한 공격에 버틸 수 있었다. 이렇게 견고한 요새를 함락시키기 위해서는 땅을 파고 들어가는 게 유일한 방법이었을 것이다.[200] 그러나 성이 깊은 해자에

건축에서 영향 받았다고 추정되는 다각형 탑들이 특징이다.◎

198　프랑스의 센 강이 내려다 보이는 앙틀리 절벽 위에 세워졌다.◎

199　약 4.6미터~9.1미터.◎

200　잉글랜드에서 땅을 파고 들어가는 방식이 성공적이었던 고전적인 사례

둘러싸여 있거나 암반 위에 바로 지어졌으면 땅을 파서 침입하는 것조차 불가능했다. 그 외에는 '고양이' 또는 '옥상탑'이라고 불리는 공성탑에 몸을 숨기고 성벽으로 접근해서 성벽의 낮은 부분을 부수는 방법이 남았는데, 이는 시간과 노력이 매우 많이 들었다. 만약 요새를 두르고 있는 해자를 채울 수 있다면, 그리고 '고양이'에 몸을 숨기고 성채에 가까이만 갈 수 있다면, 이 단순한 노르만식 요새를 함락하기 위한 약간의 진전을 맛볼 수 있었다.

보루가 도입되기 전에는 요새 안에서 투척무기를 이용하여 땅에 있는 적을 향해 효과적인 공격을 가하는 게 불가능했다. 수비병들이 적을 공격하기 위해 벽 밖으로 몸을 내미는 순간-적들이 벽과 수직이 되는 지면에 위치해 있기 때문에 어쩔 수 없었다-방패 아래 몸을 숨긴 궁병과 쇠뇌병의 먹잇감이 되었기 때문이다. 궁병과 쇠뇌병은 이런 방식으로 포위군의 선발대를 보호했다. 따라서 적이 성벽의 아래 부분을 허무는 일이 가능하기는 했다. 그러나 이 과정은 언제나 느리고 손이 많이 갔으며 병사들의 목숨을 많이 앗아갔다. 그래서 시간이 너무 촉박하지 않는 한 똑똑한 지휘관 대부분은 요새 안으로의 식량 보급을 차단해서 그들이 스스로 밖으로 나오게끔 만드는 방법을 선호했다.

이러한 방식으로 얻은 성공-부분적이고 어렵사리 얻기는 했지만-은 방어 면에서 몇 가지 발전으로 이어졌다. 해자에는 종종 울짱 Palisading이 함께 설치되어 더 강력한 효과를 발휘했다. 원거리에 위

로는 1215년 로체스터 성 포위, 1224년 베드포드 성 포위가 있다. 둘 다 엄청난 노동력이 들었다.

치했던 작은 요새들은 지형이 유리하다면 성벽 옆에 바로 건설되기도 했다. 그러나 브래티스목조흉벽Brattice 설치와 커다란 탑을 건설하는 방법이 가장 널리 쓰였다. 성벽 위로 튀어나온 목조흉벽과 탑은 노르만식 요새에서 약점으로 꼽혔던 장막 벽Curtain의 측면에 설치되었다. 목조흉벽은 바닥에 구멍을 낸 나무로 만든 길쭉한 방이었는데, 몇 피트 길이의 목조흉벽이 성벽 꼭대기에 줄지어 만들어졌다. 목조흉벽은 성벽에 고정된 기둥에 의해 지지됐고, 구멍들 덕분에 벽 아래쪽 지상에 즉각적으로 대응할 수 있었다. 이에 따라 포위병들은 더 이상 요새 안에서 투척하는 무기의 범위 밖으로 벗어날 수 없었고, 얼마나 요새에 가까이 접근하느냐에 관계없이 지속적으로 공격에 노출되었다.

강화된 장소에서의 공방 기술의 진화

목조흉벽의 단점은 나무로 만들어져 공성병들이 캐터펄트를 이용해 인화성 물질을 투척하면 불에 탈 수 있다는 점이었다. 이 때문에 나무 브래티스는 돌로 만들어진 돌출회랑Machicolation으로 대체되었다. 하지만 이보다 더 중요한 발전은 탑 측면을 활용할 수 있게 된 것이다.[201] 이는 방어 면에서의 또 다른 괄목할 만한 발전이었다. 덕분에 방어 측에서는 포위병들이 한 지점을 선택해 공격할 때, 그들을 향해 측면에서 발포할 수 있게 되었다. 또한 탑은 포위당한 상황에서 다른 요새들과 연결된 성벽들의 교통로를 단절하는 일에도 쓰였다. 적군이

---

201 옛 로마군이 사용했던 요새화 체계의 부활이었다.

성벽 틈으로 들어오면 양쪽에 위치한 쇠로 감싼 문을 닫아 고립시켰고, 그들로 하여금 탑으로 돌격하는 방법 외에는 딱히 수가 없게끔 만든 것이다. 이러한 방어 수단들로 적의 공격을 무력화시킬 수 있었다. 따라서 식량 공급의 차단만이 훌륭한 방어 수단을 갖춘 곳을 공격하는 거의 유일한 방법이었으며 요새들은 공격받기보다는 봉쇄되었다. 포위병들은 성벽을 둘러싸고 주둔하면서 성 안의 사람들이 배가 고파서 나올 때까지 기다렸다.[202] 그들은 확고하게 자리를 잡음으로써, 군대의 반복되는 공격 속에서도 방어군이 보여주고 있었던 방어적 이점을 스스로에게 부여한 셈이다. 이 외에 다른 방법들, 예를 들면 성 안에 불을 지른다든지 물의 공급을 끊는다든지, 또는 한밤중에 사다리를 놓고 기어오른다든지 하는 방법은 별반 도움이 되지 못했다.

군사 작전의 일반적 특성

당시 서유럽에는 요새화한 성들이 많았고 방어 면에서도 뛰어났기 때문에 이 시기 군사 작전들은 무력하기 그지없었다. 모든 지역이 서너 개의 성과 성벽으로 둘러싼 마을로 방어되었고 한 지역을 점령하려면 몇 달이나 포위를 해야 할 정도였다. 따라서 군사 작전은 성채 이외의 지역을 단순히 약탈 목적으로 급습하거나 요새 밖에서 주둔하면서

---

202 칼레에서의 에드워드 3세를 예로 들 수 있다. 그는 (프랑스군의) 보조 병력이 (성 안으로 들어갈 수 있는) 접근 가능한 모든 곳에 병력을 배치한 후 조용히 기다렸다.

봉쇄 작전을 긴 기간 동안 펴는 식으로 진행되었다. 이러한 상황이 이어지다가, 화약의 발명으로 3세기만에 첫 진전이 이루어졌다. 그러나 대포는 발명 후 한동안 실용성이 떨어졌다. 유럽에서 대포가 전쟁에서 선도적인 역할을 한 최초의 시기는 콘스탄티노폴리스에서 메흐메트 2세(1432~1481)가 이를 도입한 후일 것이다.[203]

십자군

봉건 기사 우위 시대를 마감하게 한 새로운 군사적 능력에 대한 논의로 넘어가기 전에, 이 시기의 특징적인 에피소드를 짚고 넘어가는 게 좋겠다. 바로 십자군이다. 그들의 탁월하고도 비정상적인 특징을 고려하면 사실 이보다는 더 많은 논의를 하는 게 타당할지도 모른다. 서유럽의 귀족들은 상대방이 익숙치않은 전술을 펼치면 늘 당황했다. 도릴레움 전투(1097)[204] 같은 경우, 그들은 오로지 불굴의 의지 덕분에 재난에서 벗어날 수 있었다. 전술적으로는 완패였지만 순전히 전력을 다해 싸움으로써 적군을 겨우 물리칠 수 있었던 것이다. 안티오크 전투(1098)처럼 의견이 갈리는 분야에서는 그들이 비잔티움 제국

---

203 오스만 제국의 메흐메트 2세는 개량을 거듭한 대형 대포를 사용하여 콘스탄티노폴리스를 천여 년 동안 난공불락의 도시로 만든 유명한 성벽을 깨부쉈다.◎

204 제1차 십자군 원정 중 아나톨리아 도릴레움에서 벌어진 전투로 십자군과 튀르크군이 맞붙었으며 십자군의 중기병이 튀르크군의 경기병을 제압했다.◎

이 과거에 그랬던 것처럼 동양의 기병이 점했던 우위를 뺏었다는 주장이 있다. 그러나 튀르크족과 사라센은 서유럽 군대의 전술을 짧게 겪은 후에는 전장이 형성되기 전에 일을 처리하려고 했다. 그래서 이들은 보통 대규모의 경기병대를 활용했고 빠르게 원거리를 이동하며 수송대를 차단하거나 따로 떨어진 부대를 공격했다. 때문에 12세기의 십자군은 총력전에서 그다지 눈에 띄는 성과를 누리지 못했다. 무슬림 장군들은 모든 면에서 자신들에게 유리할 때에만 전투에 나섰고, 보통은 피했다. 그래서 동방에서도 유럽에서와 마찬가지로 전쟁은 주로 포위로 이루어졌다. 수만 명의 병사들은 아크레 요새를 둘러싸고 공성전을 수행하면서[205] 적군이 성에서 굶주리다 지쳐 나오기만을 간절히 바랄 수밖에 없었다. 그러나 만약 레반트 지역의 알렉산드레타[206]부터 아크레와 자파[207]까지 건설된 일련의 요새들 모두가 방어에서 우위를 점할 수 있었다면 예루살렘 왕국[208]은 더 오래 지속될 수 있었을 터다. 십자군이 동방에서 겪은 것들의 일부를 유럽의 전쟁터에 도입했다고 해도 중요성은 그리 크지 않다. 그리스의 불은 서유럽의 전

205 이스라엘 북부에 위치한 항구도시인 아크레는 제1차 십자군 원정 십자군에 의해 정복되어 예루살렘 왕국의 주요 항구가 된다. 1187년에 살라흐 앗 딘(1137-1138~1193)의 공격으로 아이유브 왕조로 주인이 바뀌며, 이후 제3차 십자군 원정에 참여한 리처드 1세와 필리프 2세의 연합에 의해 재탈환된다. 그리고 1291년에 맘루크 왕조에게 십자군이 패배함으로써 서유럽의 예루살렘 지배는 완전히 끝난다.◎

206 현재 터키의 이스켄데룬.◎

207 이스라엘 서부에 위치한 항구 도시.◎

208 제1차 십자군이 팔레스타인을 점령한 후 세운 십자군의 왕국으로 수도를 예루살렘에서 아크레로 옮겨가며 200여 년 동안 존속했다.◎

쟁에서 거의 쓸모가 없었고, 튀르크족과 맘루크 술탄의 기병을 본뜬 궁기병은 군사적으로 큰 성공을 보여주지 못했다. 기병이 사용한 휘어진 군검인 모리스 파이크Morris-pike[209] 및 다른 무기들의 도입도 그 영향력을 언급하기에는 미미한 정도였다. 전체적으로 십자군 전쟁을 통해 얻어진 군사적 결실은 신기할 정도로 보잘것없었다. 그러한 교훈 덕분에 유럽에서 십자군 전쟁은 완전히 무시됐다. 그리고 150년의 간격을 두고 서유럽의 군대는 동양의 적들과 다시 대적하게 되었고, 이들은 알 만수라 전투에서 했던 실수를 니코폴리스 전투에서 똑같이 범하게 된다.

---

209 이는 비잔티움 혹은 사라센 중 한 곳에서 전해져 온 것으로 보인다. 서유럽에서 과거에 때때로 쓰이던 조악한 클럽, 즉 헤이스팅스 전투에서 오도 주교(노르망디공 기욤의 이복형제로 바이외 태피스트리 제작을 주문한 사람이기도 하다)가 쓰던 무기와는 많이 다르기 때문이다.

V
스위스
1315~1515

i 특성, 무기, 그리고 조직

거의 천 년 동안 맥을 못 추고 무시되던 보병은 14세기에 들어와서 마침내 군사적 중요성을 다시 인정받게 되었다. 거의 동시에 나타난 두 집단이 보병대의 군사적 효율성을 이용해 유럽의 패권을 장악했기 때문이다. 이 두 집단의 전투 방식은 그들의 국가적 특성과 지리적 위치만큼이나 달랐다. 전시에나 평화 시에나 이 둘은 한 번도 만난 적이 없었다. 그러나 그들은 사실상 봉건 기사제를 무너뜨리는 일에 동맹을 맺은 것이나 다름없었다. 오랜 세월 유럽을 휘젓고 다니던 기사들은 이제 누가 전쟁 기술의 제왕이 되었는지 깨달았다. 잉글랜드의 요먼Yeoman[210]과 알프스 지방의 자유민 목동들이 유럽의 정복자로 떠오

---

210 중세 잉글랜드의 독립자영농민이자 지역의 소지주였다. 장시간의 훈련이 필요한 장궁을 다루고 세습직으로서의 형태를 띄었으며 잉글랜드군 전력의 핵심으로서 전쟁 소집 시 중요한 역할을 했다.◎

르기 시작했다.

전쟁을 가장 단순한 단위로 쪼개보면 적을 무찌르는 데는 단 두 가지 방법이 있다는 사실을 알게 된다. 직접 충돌하거나 활이나 대포 등 투척무기로 공격하는 것이다. 전자의 경우에는 병사의 수, 중량, 밀어붙이는 힘, 무기의 우월성, 또는 상대방보다 더 강력한 완력이나 기술을 이용한 백병전이 전투에서의 승리 요인이 된다. 후자의 경우에는 치명적인 투척무기를 끊임없이 퍼부어 상대편이 가까이 다가오거나 후퇴하기 전에 적진을 초토화시키는 방법이 핵심이다. 이 두 방법에는 매우 다양한 무기와 전략이 조합되어 수많은 변종적 형태가 가능하다. 이 두 가지 방법은 역사적으로 계속 우위가 바뀌었다. 중세 초기에는 직접 공격을 가하는 방식이 전적으로 우세했지만 지금은 투척무기가 압도적으로 우위를 점하면서 직접 공격 방식은 전장에서 밀려났으며, 이 우열 구도가 앞으로 바뀔 가능성은 거의 없어 보인다.

잉글랜드군의 궁병과 스위스군의 창병은 바로 이 가장 단순하고 기초적인 면에서 군사적으로 뛰어난 효용성을 보여줬다. 전자는 빠르고 정확한 무기 발사 능력을 이용해 적의 공격을 무력화시켰다. 후자는 창끝을 조밀하게 밀집시켜 벽을 만드는 군건한 대형을 이용해 상대에게 강한 충격을 가하면서 지속적으로 압박하는 방식으로 많은 수의 적군을 굴복시킬 수 있었다. 그 전까지 유럽에서 우세하던 사슬갑옷을 입은 기병과 맞설 때, 이 두 가지 방법은 모두 그들을 물리치는 데 효과가 있었다. 이에 따라 중세의 군사 체제에 대대적인 수정이 가해지게 되었다. 그동안 의심의 여지없이 우세했던 단 하나의 방식, 즉 기병을 이용한 공격 방식은 이제 기병과 보병을 다양하게 조합해 직접 공격하거나 투척무기의 이용으로 대체되었다. 이러한 공격 방식은 때로는 성공하고 때로는 실패하면서 다양한 형태로 시도되었다. 화기가 도입되면서 공격 방식은 더욱 복잡해졌으며 이를 효과적으로 운용하려는 노력은 오늘날까지 이어지고 있다.

고대 로마인과 스위스인

14세기와 15세기의 스위스인은 공화정 초기의 로마인과 비교할 수 있다.[211] 스위스인은 초기 로마인처럼 강한 애국심을 지니면서도 도덕성이 결여되어 있었고, 전투 계획 면에서는 어설프다는 공통점이 있었다. 이 때문에 우리는 이 두 나라 모두 (군사적인 면에서) 진정으로 훌륭하다고 말할 수가 없다. 두 나라 군대 모두 꺾일 줄 모르는 용맹과 고귀한 자기희생의 열정, 그리고 극심한 흉포함, 냉정함, 상대에 대한 무자비함이 뒤섞여 있었다. 또한 독립전쟁에서 맛본 승리 덕분에 호전적인 자부심을 지녔고, 정복과 약탈을 목적으로 전쟁에 나섰다. 이웃 국가들은 이들의 오만함과 조금만 자극해도 바로 공격 태세를 취하는 성향을 견딜 수 없어 했다.[212] 적들에게 이들은 무자비하고 잔인한

211 1291년 우리, 슈비츠, 운터발덴의 세 개 칸톤이 상호 협력과 합스부르크가에 대한 대항을 위해 평화 협정을 맺으며 스위스 연방이 탄생했다. 연방은 이후 계속된 투쟁 끝에 1315년 모르가르텐 전투의 승리로 합스부르크가로부터의 독립을 쟁취한다.◎

212 예를 들어 카를 폰 엘거Karl von Elgger 경의 『스위스 연방군 전쟁 Kriegswesen der Schweizerischen Eidgenossen』(1873)에 인용된 사례를

존재였다. 고국을 지키려 필사적으로 방어해야 하는 상황에서, 전쟁이 격화될수록 적에게 잔혹한 태도는 일견 타당해 보일 수 있다. 그런데 국가적 이익이 아니라 그저 싸우기 위해 전투에 나설 때에는 살육을 일삼는 그런 잔악함이 최고조에 이르게 되기 마련이다. 피에 굶주린 로마인들이 전장에서 보인 역겨운 행태는 16세기의 수많은 전장들에서 스위스 용병이 보인 불필요한 잔혹함에 비할 바가 못 되었다.[213]

지휘관의 탁월함을 능가하는 체계적 탁월함

역사적으로, 이 두 국가는 전쟁에서 승리를 거둘 수 있었던 비결 면에서 매우 흡사하다. 로마와 스위스는 둘 다 훌륭한 군사 조직과 견고한 국가적 전술 체계가 장기적인 우세를 점하는 데 확실한 기반이 된다는 사실을 보여준다. 이것이 뒷받침된다면 훌륭한 지휘관이 나타나지 않아도 강력한 우세가 유지할 수 있었다. 전투는 거의 자동적으로 진행됐기 때문에 중간 정도의 실력을 갖춘 지휘관만으로도 충분히 승리할 수 있었으며 실패할 일이 거의 없었다. 선임자들이 풍부한 경험으로 군 체계를 거의 완벽에 가깝게 다져놓지 않았다면 로마에서 선출

보면, 콘스탄츠의 도시 귀족이 급료를 베른의 플래퍼트(작은 동전)로 지불하기를 거부하고 플래퍼트 표면에 새긴 곰을 소라고 경멸스럽게 부른 것에 대해 (곰은 베른의 상징이다) 스위스 연방군은 이를 국가적인 모욕으로 받아들였고, 선전포고 없이 콘스탄츠 국경을 초토화시켰다.

213 일례로 노바라에서 전투가 끝난 후 이들은 독일 포로 수백 명을 학살했다.

된 집정관이나 스위스 연방군에서 선출되거나 지명된 대장Captain은 전쟁에서 승리하지 못했을 것이다. 레기오의 유연성과 강직함의 조화, 그리고 스위스 종대의 빠른 기동력과 피할 수 없는 육중한 공격력은 지휘관에게 특별한 능력이 없어도 전장에서 승리를 거두게 만들기에 충분했다.

파이크병 종대

스위스 연방군이 구사했던 전투 대형은 마케도니아의 팔랑크스 대형[214]의 원형에 기반을 뒀다. 늘 무지막지하게 두툼한Deep 종대가 전투에 동원되었다. 이들의 명성이 최고에 달했을 당시 사용한 무기는 파이크Pike로, 물푸레나무로 만든 18피트 길이의 자루에 머리 부분에 1피트 길이의 날카로운 쇠가 달려 있는 창이었다. 파이크는 두 팔을 넓게 벌려 잡아 어깨 높이로 들고 창끝은 살짝 내려 밑으로 찔러 공격할 수 있도록 고정시켰다.[215] 전열에는 맨 앞에서 겨눈 창뿐 아니라 둘째, 셋째, 넷째 줄의 창까지 튀어나와서 밀집된 창으로 뚫리지 않는 벽을 구성했다. 종대 안쪽에 있는 병사들은 무기를 세워 수직으로 잡고 있다가 앞 열의 병사들이 쓰러져 이를 대체할 필요가 있을 때 앞으

---

214 방패와 창을 든 병사들을 밀집 배치하여 고슴도치 모양으로 적을 압박하는 형태.◎

215 『블레즈 드 몽뤽 경의 설명들Commentaires de Messire Blaise de Montluc』(1592) 참고.

로 튀어나왔다. 병사들의 머리보다 12피트[216] 더 위로 나와 있는 파이크 무리는 마치 움직이는 숲처럼 보였다. 그 위로 각 지역, 마을, 길드를 상징[217]하는 창기, 스위스의 각 칸톤[218]을 상징하는 깃발, 때때로 고지 독일 산악 연맹의 상징인 빨간 바탕에 하얀 십자가가 그려진 깃발이 흩날렸다.

미늘창병

그러나 파이크가 스위스군의 유일한 무기는 아니었다. 그들의 독립 초기, 그러니까 스위스 연방군이 서너 개의 칸톤으로 이루어졌던 시기에는 미늘창[219]이 가장 선호되는 무기였다. 16세기까지도 병사의 상당수가 이 무기를 들었다. 미늘창은 살육에 최적화된 육중한 무기로 길이는 8피트에 뾰족하게 튀어나온 머리 부분의 한쪽에는 도끼처럼 굴곡진 날이, 다른 쪽에는 뾰족한 후그가 달려 있었다. 전투에 투입된 알프스의 목동이 미늘창을 힘 좋게 휘두르면 헬멧과 방패, 심지어 쇠사슬갑옷까지 판자처럼 부술 수 있었다. 미늘창의 가장자리로라

---

216 약 3.7미터.◎

217 모라 전투에서는 베른의 부대 혼자만으로도 (칸톤을 상징하는 큰 깃발 외에도) 24개의 마을과 구역의 깃발(툰, 아라우, 렌즈버그, 인터라켄, 버그도르프, 하슬리탈, 에멘탈 등등), 그리고 여덟 개의 직업 길드와 여섯 개의 다른 조직을 나타내는 깃발을 가지고 나왔다.

218 스위스의 주를 가리키는 명칭.◎

219 할버드Halberd, 독일어로는 헬레바르데Hellebarde.●

도 맞은 병사들은 더 이상 공격당할 기회조차 없게 됐고, 아무리 용감한 적들이라도 이런 타격을 목격하면 간담이 서늘해졌다. 젬파흐 전투(1386)에서 합스부르크의 레오폴트 3세(1351~1386)를 전사시킨 것도, 낭시 전투(1476)에서 용담공 샤를(1433~1477)이 얼어붙은 배수로에서 관자놀이부터 치아까지 쪼개진 채 시체로 발견된 것도 다 이 미늘창 때문이었다.[220]

미늘창병은 스위스 연방군 전투 대형의 한가운데에 위치했다. 파이크병이 적의 공격을 받으면, 미늘창병은 파이크병이 내어준 공간 사이로 뛰어나가 맨 앞의 적군에게 몸을 던져 싸웠다. 그들 뒤에는 양손 검과 모르겐슈테른, 그리고 루체른 해머를 든 병사들이 나와 공세를 이었다.[221] 이 무기들은 모두 백병전에서 가장 무시무시한 효과를 발휘했다. 거침없는 스위스 전사들은 종횡무진하면서 엄청난 파괴력으로 말의 다리를 베고, 갑옷을 쪼개고, 살을 찢었으며, 상대편이 보병이든 기병이든 그들의 공격을 당해내기란 거의 불가능했다.

그러나 기병을 상대할 때는 길이가 짧은 미늘창이 파이크보다 쓸모가 덜하다는 사실이 밝혀졌다. 1422년, 미늘창병을 선두에 내세운 스위스군이 밀라노공국의 근위기병대에게 처절하게 격파당한 벨린초나 전투(1422)를 마지막으로, 그들은 미늘창병을 전방에 내세우

---

220 미늘창은 잉글랜드 무기인 브라운빌Brown-bill과 거의 흡사했으며 뾰족한 부분이 있다는 점만 달랐다.

221 모르겐슈테른은 5피트 길이의 곤봉으로 끄트머리에 쇠 스파이크가 달려 있었다. 이 무기는 15세기 중반 무렵 사라졌다. 루체른 해머는 미늘창과 비슷했으나 도끼날 대신 세 갈래의 휘어진 쇠 살이 달려 있었다. 이는 삐죽삐죽한 모양의 치명적인 상처를 남겼다.

는 전략에서 탈피하게 되었다. 적군과 처음 충돌할 때 미늘창병은 뒤로 빠져 있다가 그 다음에 이어지는 난전에서 투입되도록 전술을 바꾼 것이다.

스위스군의 신속한 기동력

스위스 보병의 굳건함 다음으로 탁월한 강점은 바로 신속한 기동력이었다. '다른 어떤 군대도 행진하거나 전투 대열 정렬 시 이들만큼 신속하지 못했다. 이들은 무거운 갑옷을 장착하지 않았기 때문이다.'[222] 긴급 상황이 발생하면 스위스 연방군은 타의 추종을 불허하는 속도로 정비를 완료할 수 있었다. 그들은 군인으로서의 영광이 인생을 가치 있게 만든다고 믿으며 두 번 다시 출정하지 못할 것처럼 싸웠다. 외딴곳에 떨어진 파견대는 적절한 시기가 되면 밤낮을 걸어 소집 장소로 이동했다. 그들은 모두 동족 또는 이웃 사람들로, 각사의 고향 마을이나 출생지를 상징하는 깃발 아래 굳건히 서 있었다. 이렇게 태생적으로 결속되어 있었기 때문에 조직의 결집력을 높이기 위한 피곤한 동원 훈련을 할 필요가 없었다. 민주적인 칸톤의 군대들은 장군을 직접 선출했고 조금 더 큰 주State에서는 지방 의회에서 지도자를 배정해줬기 때문에 군대의 출정을 지연시키는 걸림돌은 아무것도 없었다. 따라서 적군이 아무리 예상치 못하게 급습해 들어왔다고 해도 2만 명에 달하

---

222 마키아벨리 『전술론』 엘리스 판워스Ellis Farneworth 번역판(1775) 32쪽.

는 스위스군을 찾는 데는 사흘이나 나흘이 걸렸다. 스위스 군대의 기척을 겨우 알아챘을 때, 보통 그들은 고작 몇 마일 거리에 떨어져 있는 경우가 많았다.

14세기와 15세기의 군대들은 보통 기동력이 낮았기 때문에 스위스 군대의 빠른 움직임을 따라잡기란 불가능에 가까웠다. 용담공 샤를 (1433~1477)이 그랑송에서 절망스러운 상황을 깨달았을 때처럼, 그들에 맞서 전투에서 대열을 바꾸려는 시도는 늘 재앙으로 이어졌다. 스위스 연방군이 움직이기 시작하면 상대편은 자포자기 상태로 그때그때 상황에 맞게 대응해 싸우는 수밖에 없었다. 그들은 늘 적에게 먼저 싸움을 걸었고 절대 공격받지 않는 것을 규칙으로 삼았다. 전투 당일에는 이른 아침부터 다양한 종대로 서서 전열을 정비했으며, 적을 향해 전진할 때는 어느새 횡렬로 신속하게 대열을 바꾼 상태였다. 대열을 바꿀 때는 조금도 머뭇거리지 않았다. 적군을 향해 전진하는 모든 팔랑크스 대형은 안정적이면서도 신속한 페이스로 움직였기에 아주 짧은 시간 안에 구역을 꽉 채울 수 있었다. 이 견고한 집단은 질서 정연하고 고요하게 앞으로 나아갔고 이들의 종대는 함성이 터져나옴과 동시에 적을 향해 무서운 기세로 달려들었다. 스위스 군대가 빠르게 전진하면 그 자체로 상대편은 불길한 느낌을 받았다. 빽빽한 대형을 이룬 파이크와 미늘창의 숲이 빠르게 움직이는 모습을 산등성이 너머로 발견했다 싶으면, 잠시 후에는 스위스군이 상대편의 전면에 대열을 갖추고 나타났다. 많은 이들이 자신이 처한 상황을 알아차리기도 전에 스위스군의 맨 앞 4열이 창을 앞으로 겨누고 돌진하는 장면과 마주해야만 했다.

방어구

스위스 연방군의 신속한 기동력의 근원은-마키아벨리가 목격한 것처럼-무거운 갑옷 탓에 스스로를 버겁게 하지 않겠다는 의지에서 나온 결과다. 처음에는 가난 때문에 무장을 할 수 없어서 내렸던 어쩔 수 없는 결정이었으나, 후에는 무장을 하는 게 국가적 전술의 효율성을 저해함을 깨달아서 이러한 방식을 고수하게 되었다. 따라서 파이크병과 미늘창병의 무장은 가벼웠으며 철모와 흉갑 정도를 장착하는 게 전부였다. 심지어 이 또한 모두가 장착하는 게 아니었다. 많은 병사들이 자신이 든 무기의 방어력을 신뢰했고, 이 때문에 펠트로 만든 모자나 가죽 저킨Jerkin[223]만을 장착하는 경우도 허다했다.[224] 등갑, 팔 갑옷 Arm-piece, 정강이받이Greave는 흔치 않았다. 이러한 무장을 한 병사들은 종대의 맨 앞에 배치되었는데 그 수가 충분치 않아 맨 앞 한 줄을 다 채우지도 못했다. 오직 지휘관들만 완전 무장을 해야 했는데 무장을 거의 하지 않아 몸이 가벼운 병사들과 보조를 맞추기 위해서 행군할 때는 말을 타고 움직여야 했다. 적군이 시야에 들어오면 이들은 말에서 내려 지휘했다. 15세기 무렵에는 베른 출신의 귀족이나 기사 혈통의 기병들이 군대에 있기는 했지만, 그 수는 극히 적어서 잘해야 몇

---

223 소매가 없는 조끼와 유사한 상의.◎

224 마키아벨리는 심지어 그가 살았던 시절의 파이크병은 철모를 쓰지 않았고 오직 미늘창병만이 철모를 썼다고 말했다. 그러나 다른 자료들을 보면 이 내용이 과장되었음을 알 수 있다.

십 명 정도에 불과했다.[225]

비록 스위스 연방군의 주력이 파이크병이나 미늘창병이었다 해도, 경보병의 중요성 또한 무시되어선 안 된다. 때때로 이들의 수는 군대의 4분의 1 정도 되었으며, 절대 10분의 1 이하로 내려가지 않았다.[226] 이들은 처음에는 쇠뇌–그 유명한 빌헬름 텔의 활–을 들었으나, 부르고뉴 전쟁(1474~1477)이 있기 전에도 화기 공격은 조악하게나마 일반화되어 있었다. 따라서 이들의 주요 임무는 본진보다 먼저 움직여 적군의 포병대와 경보병의 주의를 끌어 이들 뒤에 있는 종대가 최대한 공격을 받지 않고 적의 근처까지 진군할 수 있게 만드는 일이었다. 즉, 앞에서 소규모 접전을 벌이는 병사들의 진정한 활용 가치는 이미 15세기 스위스 군대에서 인정받고 있었다. 뒤에서 따라오던 파이크병이 마침내 이들 가까이까지 전진해 오면, 이들은 다양한 대형 사이의 빈 공간을 통해 전장을 빠져나갔다. 이들이 본격적인 전투에 참여하지 않는 이유는 이렇다 할 무기를 들고 있지 않았기 때문이었다.

---

225 존 포스터 커크John Foster Kirk의 『용담공 샤를A History of Charles the Bold』(1860) 4권 2장 참고.

226 필리프 드 코민Philippe de Commines(프랑스의 외교관이자 역사가로 최초로 근대적 개념의 역사서를 저술했다고 평가된다)에 따르면 모라 전투에서는 거의 3분의 1이었으며, 3만5천 명 중 1만여 명에 달한 것으로 보인다. 아르베도에서 이들은 7분의 1 수준이었고 샤를 8세(1470~1498)가 나폴리로 출정할 때 이에 가담한 동맹군은 전체 병력의 약 10분의 1밖에 되지 않았다.

스위스 군대의 특성

군대가 단일한 무기로 구성되었다는 것이 강력한 스위스 연방군을 이루는 가장 큰 요소라는 점은 자명했다. 다양한 무기로 구성된 군대 안에서는 무기끼리 쓰임이 겹치거나 무기 간의 우열 관계 때문에 각 지휘관들 사이에서 의견 불일치가 벌어지곤 했으나 이들은 그런 골치 아픈 일에서 자유로웠다. 기병과 포병은 실질적으로는 부재했다. 중세의 군대가 흔히 그랬던 것처럼 효율성이 아닌 단순히 숫자를 늘리기 위해 데려다 쓰는 저급한 질의 보병들 때문에 군사 작전이 실패하는 일도 거의 없었다. 스위스 군대는—아무리 급히 모집했더라도—언제나 동질적이고 일관성이 있었다. 전투 경험이 없거나 반항기가 있는 부실한 사람도 없어서 특별히 병사 관리에 신경 쓸 필요도 없었다. 국가 내에서 전쟁에 동원되는 사람이 많아지면서 이들이 전쟁에 나서기 전에 서로에게 가졌던 사적인 시기심이 완전히 사라지지는 않았다 해도, 이는 오히려 전쟁에서의 용맹을 불러일으키는 건강한 경쟁심으로 승화되곤 했다. 얼마나 많은 칸톤들이 서로 다툼을 벌였었는가에 상관없이 외세의 공격 앞에서는 언제나 단결했으니까 말이다.[227]

---

227 예를 들어 우리, 슈비츠, 운터발덴은 용담공 샤를과의 전쟁에 참전하기로 한 베른의 정책에 격렬히 반대했다. 그러나 이들은 모라 전투와 그랑송 전투에서 다른 칸톤 병사들만큼 열심히 싸웠다.

ii 전술과 전략

스위스 연방군의 특성과 조직은 훌륭한 장군을 배출하는 데 있어서 극도로 불리했다. 스위스군에서 병사로서의 성공은 지휘관의 지휘력보다 자신과 전우의 전투 능력에 좌우되는 면이 많았다. 백 번이 넘는 전투에서 압도적인 곤경에 맞서 싸운 병사들이 지휘관의 능력 유무에 크게 좌우될 리가 없었다. 지휘관이 탁월한 전술을 전개하면 이들은 이를 틀림없이 성공시켰고 그렇지 않은 경우에도 꿋꿋이 열심히 싸워 지휘관의 실수를 만회했다. 스위스군의 면모 중 그보다 더 중요한 부분은 바로 어떤 칸톤의 병사들을 다른 칸톤의 지휘 아래 두는 것에 대한 반감이 있었다는 점이다. 이러한 반감이 너무 큰 나머지 스위스군의 전성기 내내 총사령관의 임명은 보통의 규칙이 아닌 예외적인 일로 간주되는 결과로 이어졌다. 젬파흐 전투에서도, 부르고뉴와의 전투에서도, 오스트리아의 막시밀리안 1세(1459~1519)에 대항해 슈바벤에서 작전을 펼칠 때도(1499)[228] 어느 한 장군이 독보적인 지휘권을 갖지 않았다.[229] 전쟁의 지휘는 전쟁 위원회 차원에서 이루어졌다. 그러나 이 위원회는 예전에 비슷한 집단이 고수했던 원칙과 다르게, 늘 기꺼이 전투를 시작하고 싸울 준비가 되어 있었다. 위원회는 각 칸톤의 대장Captain들로 이루어졌고, 각 사안은 다수의 의견에 따라 결정되었다. 전투 전, 이들은 선봉, 후방, 본대, 그리고 경보병의 지휘권을 각기 다른 장군들에게 위임했으며 긴급 상황이 끝나면 장군들은 가졌던 권한을 상실했다.

동맹의 '대장들'

당시 권력이 이런 특이한 방식으로 분배되었다는 사실을 감안하면, 스위스 전쟁에서 나타난 전략 부재와 목적의 단일성을 충분히 이해할 수 있다. 비잔티움 제국 초기 시절에도 비슷한 양상이 나타난 바 있다. 위원회에서 도출한 여러 가지 책략들이 서로 배치될 때는 모든 안

228 신성로마 제국 내 제후국들은 1488년에 상호방위를 위해 슈바벤 공국에서 슈바벤 동맹을 결성한다. 1499년 합스부르크가는 슈바벤 동맹을 동원하여 스위스 연방을 공격하면서 1년여 간 슈바벤 전쟁을 치르게 된다.◎

229 라우펜 전투에서 루돌프 폰 에를라흐가 총사령관의 자리를 차지한 것은 무척 예외적이다. 위에서 이미 얘기된 스위스 사령관의 경우들을 들어 보면, 이들은 모두 동등한 수준의 권위를 가지고 있었기에 만약 한 사령관이 다른 사령관에게 더 많은 영향력을 행사하려면 계급보다는 인간적인 힘이 우위에 있어야만 했다. (따라서) 르네 2세 드 로렌(1451~1508)이 공식적으로 모라 전투나 낭시 전투에서 지휘했다는 사실은 잘못 알려진 것이다.

을 절충하는 방향으로 결정했는데, 각 책략의 이점을 합치는 게 아니라 서로의 결점을 줄이는 방식이었다. 우리는 이 사실에서 스위스군의 어떤 지휘관도 일관적인 작전 계획을 수행하기가 어려웠으리라는 걸 짐작할 수 있다. '대장'은 오래 전에 치른 전투에서 두각을 보인 나이든 군인이었는데 많은 경험 외에는 부하들보다 딱히 나은 게 없었다. 스위스의 전쟁 위원회도 더 정교한 전략을 도출하는 데 있어서 우리 시대 퇴역 장군들의 평균보다 더 나을 게 없었다.

그러나 전술 면에서는 상황이 달랐다. 이들은 더 우월하거나 더 강한 무장을 한 상대편을 만났을 때 종대를 이용해 가장 효과적으로 공격할 수 있는 방법을 경험으로부터 습득했다. 이를 통해 전정한 전술 체계가 발달했으며 15세기 내내 그 효율성이 전투에서 계속해서 증명되었다. 스위스 군대가 중세 군대와 맞서 싸울 때, 이들이 구사하는 방법은 타의 추종을 불허했다. 새로운 시대에 접어들어 전쟁의 국면이 달라지면서 점차 사라지기 전까지 이들의 전술은 무적이나 다름없었다.

세 개의 종대로 이뤄진 편대 체제

스위스 연방군이 전투 시 즐겨 이용한 방식은 세 개 군단으로 이루어진 편대 체제Echelon의 진보된 형태였다.[230] 이는 병력이 크든 작든

---

230 마키아벨리는 이러한 진군 방식에 대해 명확히 설명한다. 엘리스 판워스 번역판 『전술론』 3권 참고.

마찬가지였다. 맨 앞 포르후트Vorhut는 선봉에 위치하여 전선까지 진군했다. 그 뒤 게발트하우펜Gewaltshaufen은 맨 앞 부대와 함께 앞으로 나오기보다 이들과 평행하게 서면서 왼쪽이나 오른쪽 뒤에 약간의 거리를 두고 위치했다. 후방에 위치한 세번째 군단 나크후트Nachhut는 뒤로 멀찌감치 떨어져 서서 공격이 개시된 후에도 가만히 있다가, 나중에 보충 병력으로서 전투에 가담해야 할 때에야 비로소 움직였다. 이렇게 대열을 구성하면서 각 종대 뒤에 어느 정도의 공간이 확실하게 확보되었고, 만약 적에게 밀린다 해도 뒤의 군단과 뒤섞여서 무질서해질 염려가 없었다. 다른 국가들(예를 들어 아쟁쿠르에서의 프랑스군)은 앞뒤의 군단끼리 공간 없이 딱 붙게끔 배치했는데, 이 때문에 전투 시 첫 번째 열이 적에게 공격당하면서 밀리면 그 뒤의 군단까지 연쇄적으로 밀리면서 군대 전체가 혼란에 빠지는 상황을 종종 겪어야 했다. 스위스군의 이러한 공격 방식에는 또 다른 이점이 있었는데 바로 적군이 가장 앞에 있는 종대 내부로 침입해 들어오려는 노력을 막을 수 있었다는 점이다. 만약 적군이 이런 방식으로 공격을 감행하면 약간 뒤로 빠져 있던 스위스군의 두 번째 종대가 이들의 측면을 즉각 공격했다.

스위스 연방군이 도입한 것은 편대 체제의 진보된 대형만이 아니었다. 라우펜 전투(1399)에서는 중심 또는 게발트하우펜이 앞으로 움직여 측면이 가담하기도 전에 공격을 개시했다. 반면 프라스탄츠Frastanz 전투(1499)에서는 측면이 먼저 공격을 개시하는 동안 중심은 뒤로 물러서 있었고, 전투를 마무리할 시점이 되어서야 투입되었다.

'쐐기'와 '고슴도치' 대형

이렇게 세 집단으로 나눈 게 전투에서의 일반적 대형이었지만 때로는 다른 대형이 쓰이기도 했다. 젬파흐 전투에서는 발트슈테터Waldstaetter[231] 병사들이 하나의 쐐기Keil 대형을 이뤘다. 그러나 이름과는 달리 이는 삼각형이 아니라 전면에 위치한 폭이 비교적 두툼한 종대를 일컬었다. 이 대형을 만든 목적은 적군의 중심부를 향해 더 응집된 충격을 줌으로써 유별나게 견고한 적진의 대열을 무너뜨리기 위함이었다. 1468년 발트슈트 점령이 있기 전, 스위스 연방군은 텅 빈 거대한 광장에서 오스트리아의 기병과 맞붙었다. 이 과정에서 미늘창을 든 호위병들이 광장에 깃발을 꽂다가 적의 공격에 노출되었다. 이때 병사들은 상대 기병을 막아내기 위해 바깥을 향해 서게 됐는데 이는 '고슴도치 만들기'라고 불렸다.[232] 이 대형은 매우 견고하고 탄탄해서 싱대의 강한 공격을 막아낼 수 있었다. 1499년 슈바벤 전쟁에서는 취리히에서 온 6백 명의 병사가 탁 트인 평야에서 1천여 명의 제국 군대에게 포위되었을 때, 그들은 '고슴도치 대형을 만들어 손쉽게, 그리고 너끈히 적들을 물리쳤다.'[233] 마키아벨리는 '교차'라고 불리는 스위스 군대의 또 다른 전투 방식에 대해 언급했다.[234] 이는 머스킷병 사이

---

231 원문에서는 산악 칸톤들Forest Cantons로 지칭된다. 1291년에 합스부르크가에 맞서 스위스 연방을 시작한 핵심 칸톤들인 우리, 슈비츠, 운터발덴을 함께 아우르는 말이다.◎

232 엘거 『스위스 연방군 전쟁』 280쪽 참고.

233 엘거의 동일한 도서 참고.

234 엘리스 판워스 번역판 『전술론』 57쪽 참고.

에 병사들을 세움으로써 적 종대의 첫 공격으로부터 보호하는 방식이었다. 그러나 사실 그의 진술은 명확하지 않으며 다른 어떤 기록에서도 같은 내용은 찾아볼 수 없다.

iii 스위스 군대의 맹위

스위스 연방군이 거둔 첫 번째 승리는 후에 명성을 얻은 이들의 전술 덕분이 아니라 전장에서 내린 현명한 판단 덕분이었다. 모르가르텐 전투(1315)는 봉건 기사가 산악 지형에서 얼마나 쓸모없는지 보여주는 극명한 예시가 되었다.

모르가르텐 전투

서리가 내린 11월의 어느 날, 오스트리아의 대공 레오폴트 1세(1290~1326)는 군대를 길고 가는 종대로 세워 슈비츠 계곡으로 가는 좁은 길로 이끌었다. 발밑의 길은 얼어 있었다. 선봉대의 맨 앞에는 당연히 공격을 개시하는 영광을 누리고 싶어 하는 기사들이 위치했고 6천 명의 보병은 그 뒤에서 길을 채우고 있었다. 모르가르텐의 산길은 좁았다. 스위스 연방군은 깎아 지르는 절벽을 오른쪽에, 에게리 호수를 왼쪽에 둔 좁은 길에서 오스트리아 군대를 기다렸다. 자만하던 레오폴트 대공은 완전히 방심해서 정찰대를 보내 길을 살피는 등의 최소한의 경계도 하지 않았다. 이들이 지척의 적군을 발견했을 때는 이미 수많은 바위와 나무 기둥이 비탈길을 타고 군대의 오른편으로 쉴 새 없이 굴러오고 있었으며, 기병은 스위스군을 공격하려 했으나 이들은 기병이 절대로 접근할 수 없는 위치에 주둔하고 있었다. 속수무책으로 당하던 종대의 앞 열은 얼마 후 스위스군 본진에게 공격당했다. 오스트리아 군대가 전투가 시작되었는지조차 깨닫기 전, 스위스 연방군의 미늘창과 모르겐슈테른이 이들의 선봉을 맹렬히 공격했다. 맨 앞에 위치한 기사들은 적의 압박 때문에 서로 극도로 가깝게 붙었고 이 때문에 장창을 걸쇠에 놓을 수가 없었다. 말을 몰아 가하는 공격은 더더욱 불가능했다. 이들은 싸우다 전사했다. 중심부와 후방의 병사들은 멈춰서 이러지도 저러지도 못한 채 기다려야 했다. 길이 너무 좁아서 앞으로 나아갈 수 없었고 뒤에는 보병대가 길을 꽉 막고 있어서 후퇴할 수도 없었기 때문이다. 비탈길을 굴러 내려오는 바위와 통나무 세례를 맞는 짧은 시간 동안 오스트리아 군대는 절벽으로 떨어지고, 대형이 엉망이 되고, 말과 기사들이 호수로 곤두박질쳤다. 이들은 공격을 받음과 거의 동시에 고삐를 돌려 뒤쪽으로 향했는데, 이 때문에 압박을 받은 수백 명의 병사들이 길의 가장자리로 몰려 왼쪽에 있는 깊은 호수로 빠졌다. 오스트리아군의 본진은 이 불쌍한 같은 편 보병 종대를 덮쳐 짓밟으면서 그대로 미끄러운 산길을 내달려 도망쳤다. 스위스군은 싸우려 남아 있는 얼마 되지 않는 오스트리아군의 기병들을 처리했고, 산길을 내려와서는 겁에 질려 벌벌 떠는 보병과 기병을 모두 살육했다. 연대기 작가 요한네스 폰 빈터투어Johannes von Winterthur는 다음과 같이 기록했다.

"그것은 전투가 아니었다. 레오폴트 대공의 병사들을 도륙한 것에 불과했다. 산악민들은 오스트리아인들을 도살장의 양처럼 죽였다. 자비는 없었다. 그들은 더 이상 살아있는 생명체가 남지 않을 때까지 무차별적으로 살육했다. 오스트리아군 보병대는 가장 용감한 기사들이 속절없이 쓰러지는 모습을 목격하며 충격에 빠졌고 스위스 연방군의 잔혹함에 질려버렸다. 이들은 스위스군의 무시무시한 무기에 맞아 죽느니 물에 빠져 죽는 게 낫다는 생각으로 호수 속으로 뛰어들었다."[235]

스위스 연방군은 상대편 봉건 기사에게 유리한 지점에서 공격할 기회를 주지 않는 직관인 전술을 구사했고, 이로 인해 스위스는 독립을 쟁취하게 되었다. '그들은 전장의 제왕이다. 어느 장소에서 전투할지를 상대편이 아닌, 늘 그들이 결정하기 때문이다.' 오스트리아군의 기병은 가파르고 미끄러운 길에서 공격의 추동력을 받기 어려웠고, 수적으로는 우세했지만 좁은 산길에서는 그러한 이점을 이용하기란 불가능했다. 그들은 무력했다. 그러나 무엇보다도 이 패배를 만든 원인으로 레오폴트의 부주의가 가장 컸다. 미리 정찰을 하지 않는 바람

---

235 엘거의 책에서 발췌 인용.

에 무방비 상태에서 적의 치명적인 덫으로 걸어 들어간 꼴이었기 때문이다.

모르가르텐 전투는 스위스의 군사 체계가 아직 기초적인 면에 머무르고 있었음을 보여준다. 그들이 거둔 모든 승리처럼 모르가르텐에서도 종대의 공격을 이용해 승리하기는 했지만 당시에는 파이크가 아닌 미늘창을 이용했기 때문이다. 파이크는 3대 칸톤[236]의 산사람들 사이에서 아직 널리 쓰이지 않고 있었다. 사실 이 지역들에서는 이후에도 알프스 기슭이나 아래 계곡, 베른, 그리고 취리히와 루체른 사람들이 사용한 것만큼 파이크가 널리 쓰이지는 않았다. 그러나 미늘창은 치명적이기는 하지만 늘 무조건적인 파괴력을 약속하지는 않았다. 모르가르텐에서 스위스 연방군이 승리를 거둔 이유는 무기나 전술 덕분이 아닌 유리한 위치 덕분이었다. 그래서 그들이 거둔 두 번째로 큰 승리가 군사적인 면에서 훨씬 더 중요하다.

라우펜 전투

라우펜 전투(1339)는 아마도 로마시대 이후 처음으로 기병의 지원이 전혀 없는 보병이 평원에서 벌인 전투였을 것이다. 스위스 연방군은 완전 무장을 하고 수적으로도 우세한 상대편 군대에 대항해 승리를

---

236 발트슈테터. 이하 본문에서 '3대 칸톤'으로 지칭되는 경우는 별도의 설명이 없는 한 발트슈테터를 가리킨다.◎

거뒀다.[237] 이는 레오폴트 대공의 패배가 있은 지 24년 후였다. 베른의 군대를 새로 영입한 스위스 연방군은 프랑스 알자스와 레만 호수 사이의 모든 봉건 장군들에 의해 결집된 아르Aar와 론Rhone 계곡 출신 부르고뉴 귀족 세력과 맞붙었다. 이 위풍당당한 군대의 지휘관이었던 제라르 드 뇌샤텔발랑쟁Gérard de Neuchâtel-Valangin 백작은 스위스군의 측면을 공격하는 계획을 갖고 있었음이 분명하다. 이를 위해 그는 모든 기병들을 우익에 몰아 배치했고 중심과 좌익은 보병으로만 채웠다. 이 전투를 맞이하여 스위스군은 세 개의 종대를 형성했는데, 다른 전투에서도 계속해서 이 형태를 기본으로 유지했다. 이들의 지휘를 맡은 루돌프 폰 에를라흐Rudolf von Erlach가 이 세 개 종대 대형을 처음 도입했다고 알려졌다. 파이크를 든 베른 병사들이 가운데 종대를 형성했고 측면의 종대는 뒤로 빠져 있었다. 좌익 종대는 3대 칸톤 병사들로 구성되었는데, 이들은 아직까지도 미늘창을 주 무기로 쓰고 있었다. 우익 종대는 베른의 동맹군들로 이루어져 있었다. 그들은 이 순서대로 상대를 공략하였으므로 가운데 종대가 앞서서 움직였다.

남작들의 보병대는 이 연방군과 상대가 되지 않는 걸로 판명됐다. 베른군은 지속적으로 적에게 일정한 압박을 가하며 앞 열을 짓밟았고 나머지 적군을 전장 밖으로 밀어냈다. 잠시 후, 부르고뉴의 좌익 종대도 스위스군의 우익 종대가 어루만지자 같은 운명을 맞이할 수밖에 없었다. 곧 승리한 이 두 종대는 사냥에 시간을 낭비하지 않고 발트슈테

---

237 배넉번 전투(1314)에서 스코틀랜드군은 기병을 잘 활용했다. 사실 썩 강력하지는 않았던 기병대였지만 라우펜 전투에서 스위스군이 갖지 못했던 이점들을 스코틀랜드군에게 제공했다.

터들을 지원하기 위해 서둘러 방향을 돌렸다. 이 스위스군의 좌익 종대는 사방이 무서운 기세의 기병들로 둘러싸여 강한 압박을 받고 있었기 때문이었다. 그들의 미늘창은 상대에게 엄청난 타격을 가할 수 있지만 산발적으로 이어지는 기병의 공격을 막을 수는 없었다. 그러나 바위처럼 단단한 이 산악민들은 끊임없이 이어지는 공격을 끈질기게 견뎌냈고, 평원에서 밀려나면서도 계속 버텼다. 그때 남작이 거느린 기병들의 왼쪽과 후미에 적을 물리친 스위스군의 두 종대가 내려와 공격을 막아냈다. 적군은 그동안 발트슈테터의 병사들을 상대하느라 이미 지친 기색이 역력했으며, 베른의 파이크병을 치려는 시도가 수포로 돌아가자 방향을 돌려 전장을 떠나버렸다. 이 전투에서 제라르 백작의 군대는 후미 쪽 병사들이 젠제 강에 빠지면서 적지 않은 피해를 입었다.

라우펜 전투는 모르가르텐 전투처럼 피비린내 나거나 극적이지는 않다. 그러나 전쟁의 역사에서 새로운 시대의 시작을 알린 세 개의 큰 전투들 중 하나에 속한다. 유럽의 서쪽에서는 배넉번Bannockburn(1314)이 이미 비슷한 경향을 보여줬지만, 라우펜은 보병만의 강력함을 보여준 첫 번째 장소였다. 몇 년 전의 카셀 Cassel(1328)과 몽상퓌엘Mons-en-Puelle(1304)에서 벌어진 전투에서 같은 시도가 있기는 했으나 실패한 것과는 판이하게 다른 결과였다.[238] 플랑드르인들이 부적절한 방법과 경험 부족 때문에 맞이한 실

238 둘 다 프랑스와 플랑드르와의 전투였다. 몽상퓌엘 전투에서 기병 위주의 프랑스군은 전역을 차지하고 압박을 줌으로써 보병 위주의 플랑드르군이 물러나게 만들었다. 카셀 전투에서 플랑드르군은 3,185명이 사망한 반면 프랑스군은 단 17명 만의 기병만이 사망하며 대승을 거뒀다.◎

패와는 달리 스위스인들은 성공했다. 7년 후, 궁병과 기사가 맞붙은 크레시 전투는 봉건 기사들에게 더욱 충격적인 교훈을 주는 사건이었다. 쇠사슬갑옷을 입은 기병들은 팔랑크스 대형을 이룬 파이크병을 무찌를 수 없었다. 그 근처에 다가가기만 해도 치명적인 화살이 날아왔기 때문이다. 그러나 전쟁에서 가장 영광스러운 위치는 바로 기병이라는 믿음이 너무나 강했던 나머지, 실질적으로 이들이 우위를 점했던 시대가 막을 내렸는데도 불구하고 이러한 인식은 한 세기 동안 더 이어졌다. 중세의 삶과 사상에 긴밀하게 연결된 이 체제는 한 번, 혹은 스무 번의 재앙을 겪으면서도 깨어지기 힘든 성질을 갖고 있었다.

젬파흐 전투

젬파흐 전투(1386)는 스위스 연방이 거둔 세 번째 큰 승리였다. 이는 이보다 덜 알려진 아르베도 전투(1422)와 궤를 같이 한다. 이 두 전투에서는 난공불락의 스위스 보병대를 비슷한 방식으로 공격함으로서 무찌르고자 하는 시도가 있었다. 라우펜 전투에서의 기병의 무력함을 뼈저리게 기억하는 레오폴트 3세 공작(1351~1386)은 30년 전에 잉글랜드에서 흑세자 에드워드가 승리를 거둔 방식에 따라 기사들을 말에서 내리게 했다. 그는 1298년 하젠뷜Hasenbühl에서 바이에른 군과 싸운 자신의 조상 알브레히트 1세(1255~1308)가 전투를 진행한 방식을 머릿속에 그려보았을지도 모른다. 아무튼 레오폴트는 4천 명의 무장 병사들을 하나의 거대한 종대로 세워놓고 장창을 앞을 향해 겨눈 후 적군이 공격해오기를 기다렸다. 이들은 스위스군과 흡사한 전술을 구사하면서도 보다 더 강력하게 무장을 해서 우위를 점하고자 했다.[239] 레오폴트는 상당한 수의 보병과 기병을 예비대로 구성했으며 스위스 연방군이 앞으로 충분히 나왔을 때 그들의 후미와 측면을 공격하려는 계획을 세웠다.

하나의 깊은 종대(쐐기형)를 구성한 스위스군은 그들이 늘 그러하듯 언덕에서 급히 쏟아져 내려왔다. 우리와 운터발덴이 중간 대열에서 나팔을 불었고 네 개의 칸톤 깃발이 그 위에서 휘날리고 있었다.[240] 처음 이 두 거대한 군대가 맞붙었을 때, 충격은 엄청났다. 첫 번째 공격이 끝났을 때 스위스군은 뒤로 밀려나 있었다. 선두에 있던 모든 병사들이 쓰러졌고, 오스트리아군의 종대는 끄덕도 하지 않았다. 잠시 후 이들은 결집하여 우리의 군대가 팔랑크스의 맨 앞에 위치했던 루체른 군대의 자리를 대체한 후 쇠사슬갑옷을 입은 오스트리아군를 향해 돌격했다. 그러나 두 번째 공격 또한 첫 번째만큼이나 성공적이지 않았다. 그다음에는 슈비츠의 군대가 우리의 군대를 대신했고, 이어서 운터발덴의 군대가 슈비츠 군대의 자리를 대신했지만 전세는 더 나

---

239 비슷하게 스탠다드 전투(1138)에서도 잉글랜드 기사들은 말에서 내려 스코틀랜드의 갤러웨이Galloway들의 맹렬한 공격을 막아냈다.

240 스위스 연대기 작가들이 젬파흐 전투의 스위스군 병력을 추정한 자료는 그 숫자를 현저히 줄여 발표한 것으로 보인다. 네 개 칸톤의 모든 병력이 그곳에 있었는데도 고작 1천5백 명에 달한다고 하다니 말도 안 된다! 71년 전에 3대 칸톤이 전장에 내보낸 숫자가 그 정도였고, 여기서는 병력이 많은 루체른이 가세한 상황인데도 말이다.

아지지 않았다. 오스트리아 병사들은 의기양양하게 서 있었고 그 앞에는 쓰러진 스위스 병사들의 시체가 길게 널려 있었다. 이에 더해 공작의 예비 병력이 움직이기 시작했다. 스위스 연방군의 측면을 둘러싸려 한 것이다. 절체절명의 순간이 다가왔다. 무슨 수를 쓰지 않으면 패배할 터였다. 스위스군이 오스트리아군의 종대에 필사적으로 접근하며 자신들을 향해 겨눈 창을 마구 잘라내는 헛된 시도를 지속하던 가운데, 마침내 희망의 불씨에 불이 붙고야 말았다. 여기서 빈켈리트 Winkelried의 영웅적인 죽음을 재차 세세하게 묘사하지는 않겠다.[241] 오스트리아군의 종대가 뚫렸고 백병전에서 창과 기병의 장검이 미늘창과 전투 도끼, 그리고 단검의 적수가 될 수 없다는 점이 증명되었으며, 레오폴트와 그의 기사들은 무거운 갑옷 때문에 도망가려는 시도조차 할 수 없었기 때문에 스위스 연방군의 깃발 아래 쓰러질 수밖에 없었다는 점 등등은 모두가 아는 사실이다.

역사가들은 우리에게 이런 사실을 모두 말해주었지만 그들은 한 가지 잊은 게 있다. 비록 레오폴트는 스위스 연방군을 무찌르는 데 실패하기는 했어도 그 어느 사령관보다도 성공에 가까이 다가갔다는 점이다. 이밖에 유일한 예외로 볼 수 있는 사례는 스위스군을 격퇴한 마리냐노 전투(1515) 정도밖에 없다. 스위스군의 팔랑크스 대형을 자신들의 더욱 강력한 팔랑크스 대형으로 맞선다는 레오폴트의 계획은 타당

241　빈켈리트는 젬파흐 전투에서 오스트리아군의 창을 자신의 몸으로 막아내고 죽음으로써 전선을 열어 스위스군의 승리를 만들었다는 전설적인 군인이다. 오랫동안 실존인물로 그 이야기가 전해져 왔지만 20세기 들어서는 말그대로 전설로만 여겨졌다가 최근에는 아서왕 전설처럼 실존인물의 영향을 받아 생성된 과장된 무용담일 가능성이 제기됐다.◎

했다. 계획 자체는 좋았으나 수행 시 범한 실수 때문에 실패로 돌아간 것뿐이다. 첫 번째 실수는 먼저 공격하기보다 스위스군의 공격을 기다렸다는 점이다. 먼저 적의 종대에 공격을 가했으면 상대에게 육중한 충격을 줌으로써 자신들이 가진 이점을 한껏 살릴 수 있었으리라. 이에 비견될 만한 또 다른 큰 실수는 스위스 연방군의 세 번에 걸쳐 가한 공격이 실패했을 때 바로 반격을 가해 압박하지 않았다는 점이다. 덕분에 스위스 연방군은 다시 결집할 시간을 벌 수 있었다. 게다가 예비대로 빼놓은 기병대와 경기병, 포병을 능숙하게 이용하지 못했다.[242] 만약 이들을 효과적으로 활용하여 스위스 연방군의 측면을 시의적절하게 타격했으면 승리의 날이 되었을 것이다. 그러나 레오폴트는 포병을 전투 개시 때만 활용했으며 쇠뇌병과 투석기병을 후방에 계속 빼놓았다. 아마도 '전투에서는 기병이 가장 중요한 역할을 해야 한다'는 봉건시대의 믿음이 일조한 게 아닌가 싶다. 레오폴트는 이러한 이유로 패배했다. 그러나 이 전투는 스위스 연방군이 그동안 겪은 전투들 중 가장 힘든 전투였음에는 틀림없다.

---

242 스위스 연방군은 레오폴트의 포병이 대포를 열었을 때 젬파흐 숲에서 종대를 구성하고 있었다.

그들은 전장 앞에 장창을 가지런히 하고,
숲속에 있는 이들을 향해 발사할 대포를 배치했다;
이제 무적의 동맹군에게도 전투는 그리 쉽지 않았고,
나뭇가지들이 부서져 온통 그들의 발밑에 떨어졌다.

할브슈터Halbshuter가 당대에 쓴 『젬파흐의 노래Sempacherlied』의 의역.

아르베도 전투

레오폴트의 전술적 실험을 더 능력 있는 지휘관이 수행했다면 결과는 어땠을까? 젬파흐 전투로부터 37년 후 아르베도 전투가 이러한 상상을 현실화했다. 밀라노의 장군인 카르마뇰라Carmagnola는 스위스 연방군과 처음 맞붙었을 때 기병의 공격으로 포문을 열었다. 기병의 공격이 완전히 실패로 돌아가는 상황을 본 이 경험 많은 용병 대장은 다른 대형을 꾸려 다시 공격에 들어갔다. 그는 6천 명에 달하는 무장 기병을 말에서 내리게 하여 하나의 종대로 세워서 스위스군의 팔랑크스를 향해 돌격하게 했다. 우리, 운터발덴, 추크, 그리고 루체른의 군대로 이루어진 4천 명의 스위스 연방군 병력은 대부분 미늘창병이었고 파이크병과 쇠뇌병은 전체의 3분의 1밖에 되지 않았다. 장창과 검을 쓰는 카르마뇰라의 군대와 파이크와 미늘창을 쓰는 스위스 연방군이 맞붙었을 때, 적어도 무기 면에서는 서로 비등했다. 그러나 스위스 연방군은 죽기살기로 싸웠지만 압도적인 병력 차는 어쩔 수 없었다. 밀라노군이 우세를 점하기 시작하자 루체른 측 지도자Schultheiss는 심한 수세에 몰려 항복하고자 했고 그 표시로 그의 미늘창을 땅에 꽂기까지 했다. 그러나 카르마뇰라는 적의 목숨을 절대 살려주지 말라고 엄히 명하고 공격을 지속했다. 그는 승리의 지척에 와 있었다. 그러나 스위스군의 지원군이 갑자기 그의 뒤에서 나타났다. 그는 이 병력이 취리히와 슈비츠, 글라루스, 그리고 아펜젤의 군대라고 추측했고, 이들이 그리 멀리 떨어지지 않은 곳까지 와 있다고 생각했다. 카르마뇰라는 그의 군대를 철수시킨 후 재정비하기 시작했다. 사실 스위스군의 '지원 병력'은 겨우 6백 명 정도 되는 수렵대였고 이들은 공격이 불가능한 병력이었다. 그러나 이들이 카르마뇰라 군대의 주의를 흐트려 놓는 사이 스위스군의 본진은 질서정연하게 퇴각할 수 있는 기회를 얻었다. 스위스군은 이 전투에서 4백 명 정도를 잃은 것으로 자체 추산했지만 이탈리아 측의 계산에 따르면 전사자는 이보다 많았다.[243] 카르마뇰라 군대의 사상자가 스위스군보다 많았지만 전체 병력에 비추어보면 그리 큰 타격은 아니었고, 그것도 대부분은 실패했던 처음 기병 공격에 의해서였다.

젬파흐 전투와 아르베도 전투에서 얻은 결과로 봤을 때, 무장 기병을 말에서 내리게 하고 다른 병사들과 적절하게 조합해 현명하게 지휘하면 승리를 거둘 수 있다는 결론은 자명해 보였다. 그러나 스위스의 적들은 이러한 실험을 다시 하지 않았다. 이 전투에서 얻은 교훈을 가지고 의미 있는 변화를 도입한 이들은 오직 루체른 공의회뿐이었다.

---

[243] 이 전투에 대해 전적으로 스위스의 자료만을 기반으로 쓴 시스몽디 Jean Charles Léonard de Sismondi는 마키아벨리와는 사뭇 다른 관점을 보여준다. 후에 아르베도 전투에 관해 스위스에서 인정한 가장 잘 알려진 증거를 인용하자면, 스위스군은 수천 명이 전사한 것으로 서술되어 있다(판워스 번역판 마키아벨리 『전술론』, 33쪽). 물론 뮐러Johannes von Müller(시스몽디가 활용한 자료를 만든 18세기 스위스 역사가)가 이 숫자를 최소화하기 위해 노력했음은 명백해 보인다. 그러나 우리가 알고 있는 스위스군의 특성에 기반을 두고 판단했을 때, 스위스군 사령관으로 하여금 항복하게 만들 정도면 과연 얼마나 큰 압박이었을지 추측해볼 수 있다. 루체른 칸톤에서는 44개 구성원들이 전투에 참가했는데, '루체른의 사단이 네 개 칸톤에 걸쳐 있는 호수를 열 개의 큰 바지선을 타고 건넜고, 이 중 단 둘만이 돌아왔다!' 이러한 사실을 스위스 사람들이 인정했으므로 미루어 보아, 이들이 겨우 4백 명 정도의 병력만을 잃었다는 주장은 터무니없이 낮은 수치다.

그들은 '전투에서 스위스 연방군에게 상황이 좋지 않게 흘러갔기 때문에' 이후 군대에서 파이크병의 비율을 더 높였다.[244] 파이크는 미늘창과 달리 장창에 대항해 더 우위를 점할 수 있는 무기였다.

　마지막으로 언급한 두 개의 전투를 제외하고 첫 150년에 달하는 기간 동안 스위스 군대는 무척 운이 좋았다. 이들은 전쟁의 기술을 통달한 사령관을 적으로 만난 적도, 이들의 팔랑크스 대형을 무찌를 정도의 새로운 전술을 지닌 적을 만난 적도 없었다. 당시 이들이 맞섰던 상대는 대부분 중세 시대에서 벗어나지 못한 무장 기병이나 규율이 없는 오합지졸 보병대였다. 스위스군의 전술은 이 같은 적들과 맞붙었을 때 승리를 가능하게 했으며 계속 우위를 점하게 만들었다. 앙게랑 7세 드 쿠시(1340~1397)의 용병기사단[245], 슈바벤의 시민들, 프리드리히나 레오폴트, 혹은 합스부르크의 지그문트가 이끄는 기사들 모두 새로운 기술을 도입하지 않았으며 군사 기술에서 스위스 연방군의 우월함만을 더 돋보이게 해줬다.

244　루체른의 '긴급 협약Raths-Protocoll'(1422)에서 인용, '스위스 연방군이 그렇게 잘한 것은 아니기 때문에Da es den Eidgenossen nicht so wohl ergangen seie,' 등등.

245　쿠시의 마지막 군주였던 앙게랑 7세는 합스부르크가에 대한 자신의 상속권을 주장하며 합스부르크가 갖고 있는 알자스 지방을 차지하고자 했다. 백년전쟁의 소강 기간 동안 실직자가 된 용병들이 프랑스 땅을 약탈하는 일 때문에 고민이 많았던 샤를 5세는 그의 계획을 지지하며 용병들을 모아 보냈다. 앙게랑 7세와 그의 용병들은 알자스 지방을 약탈, 파괴하며 진군하나 각 지역 스위스군의 공격을 받고 결국 패퇴한다.◎

1444년 프랑스의 왕세자 루이(1423~1483)[246]가 아르마냐크[247] 용병대를 이끌고 스위스에 가한 가장 무시무시한 공격조차도 스위스 병사들의 군사적 우월함에 대한 명성을 한 단계 높여줄 뿐이었다. 비르스 강 유역 장크트야콥 전투(1444)는 후퇴하느니 전멸하는 쪽을 택하는 이 스위스군이 (비록 제정신이 아닌 듯해 보이기는 하지만) 어떻게 해서 가장 용감한 적군을 물리칠 수 있었는지 잘 보여주는 예다. 스위스 연방군은 자신들의 팔랑크스가 어떠한 공격이라도 견뎌낼 수 있다는 굳건한 믿음을 갖고 의도적으로 비르스 강을 건너 병력이 자신들보다 15배가 많은 적군과 대치했다. 이들은 적을 공격해 들어가 중심부에 다다랐고, 엄청난 숫자의 적군에게 둘러싸였다. 그리고 쏟아지는 기병의 공격에 견디기 위해 고슴도치 대형을 만들었으며 그 자리에서 하루 종일 머물렀다. 프랑스 왕세자 루이는 계속해서 기병대를 순차적으로 보냈지만 번번이 무질서하게 물러날 수밖에 없었다. 공격을 가하는 중간중간에는 프랑스의 경보병 부대가 활과 대포를 쏘며 지원했으나 파이크와 미늘창을 든 스위스 병사들은 그 수가 점점 적어지기는 했어도 여전히 뚫리지 않았다. 해가 질 때까지 전투는 끝나지 않았

---

246 루이 11세. 백년전쟁 말기에 태어난 발루아 왕조의 여섯 번째 왕으로 부르고뉴 공작 샤를과 권력 투쟁을 치르면서 온갖 수단을 동원하여 프랑스를 왕권 중심의 통합된 국가로 만들고자 했다.◎

247 피레네 산맥 아두르 강과 가론 강 사이에 위치한 지역으로 전통적으로 아르마냐크 백작령으로 통치되던 지역이었다. 백년전쟁에서는 프랑스 편에서 전투를 치렀으며, 전쟁이 소강 기간일 때 스위스 연방의 공격을 받은 취리히 주가 샤를 7세에게 군사 지원을 요청하자 용병대를 장크트야콥 전투에 참전 시켰다.◎

다. 6천 명에 달하는 아르마냐크 병사들의 시체가 스위스군의 시체들 근처에 쌓여 있었다. 루이는 스위스군이 이런 공격을 몇 차례 더 성공시키면 자신의 군대 전체가 위험에 빠지리라 판단하여 알자스 지방으로 방향을 돌려 떠났다.

스위스군의 정신적 우위

이때부터 스위스 연방군은 고집스러움과 불굴의 용맹의 대명사가 되었으며 이 사실은 이들에게 정치적인 이점을 부여하는 가장 큰 요소였다. 장크트야콥 전투 이후 스위스군을 상대로 출정하는 지휘관과 군대는 시작부터 기가 죽어 있었다. 아무리 적군의 숫자가 많아도 전혀 겁먹지 않고, 늘 싸울 준비가 되어 있으며, 죽음을 불사하는 만큼 상대에게 자비를 일절 베풀지 않는 군대와 맞붙는 것은 늘 부담스러울 수밖에 없다. 스위스군의 적들은 전투 전 이러한 점을 떠올리며 사기를 잃었고, 조금 심하게 말하면 전장에 나오기도 전에 이미 패배를 예상했으며, 따라서 늘 실제로 패배했다. 이 사실은 특히 부르고뉴 전쟁에서 잘 드러난다. 만약 용담공 샤를이 스위스군의 호전적인 특성에 미리부터 겁먹지 않았더라면[248] 그의 군대는 패배하지 않았을 것이다. 잡다한 출신의 병사들이 섞인 그의 군대는 위기가 닥치면 신뢰할 수 없었다. 독일, 이탈리아, 사부아 출신 용병들은 스위스와 맞붙는

---

248 공작은 '스위스군에게 준비 없이 덤비면 절대로 안 된다'라고 말했다. 커크Kirk에 의해 발췌된 『파나기롤라Panagirola』 3권.

전투의 살벌함을 너무나 잘 알고 있었기에 팔랑크스 대형을 이룬 파이크 무리가 공격을 가하면 본능적으로 움츠러들었다. 샤를은 병사들을 지휘해 대열을 만들긴 했어도 이들이 실제로 싸울 수 있을지에 대해 확신하지는 못했다. '신은 스위스 연방군 편이다'라는 오랜 경구가 적군의 귀에 맴돌았으며, 따라서 이들은 공격을 당하기도 전에 이미 반쯤은 패배한 상태였다. 샤를은 군대를 효과적으로 꾸리기 위해 유럽 안의 호전적인 국가들에서 군대를 모집했다. 잉글랜드의 궁수, 독일의 아르케부제Arkebuse[249]병, 이탈리아의 경기병, 플랑드르의 파이크병이 부르고뉴공국의 봉건 기사들과 함께 출정했다. 그러나 샤를이 잊은 점은 바로 이렇게 다양한 국가의 병사들을 하나의 지휘하에 놓으면, 전투에서 가장 중요한 응집력(혹은 일사분란함)을 잃게 된다는 사실이었다. 공유하는 목표를 향해 모두가 최선을 다해 싸운다는 상호 간의 신뢰나 확신이 없는 군대는 강해질 수 없다. 샤를의 그랑송 전투(1476) 패배는 결정적인 순간에 그의 병사들이 사기를 잃었기 때문이다. 비록 직접 맞붙기도 전이긴 했지만 말이다.

그랑송 전투

이 전투에서 스위스군은 서투른 전투 지휘 능력을 보였기 때문에 샤를의 군대는 전술적인 이점을 확보할 수 있었다. 샤를은 선수를 쳤고 다른 분대들이 지원하러 오기 전에 군단 하나를 공격했다. 그러나 결

---

249 머스킷보다 짧고 가볍지만 성능은 떨어졌던 구식 화승총.◎

그랑송 전투(1476)

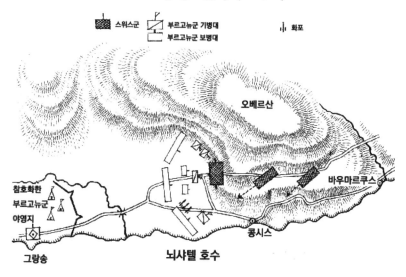

국 그는 사기가 높고 병사들끼리 결속력이 높으며 자신의 무기에 대해 완전히 이해하고 있는 스위스군이 그 모든 불리함에도 불구하고 승리에 더 가까움을 깨달았다.

베른, 프라이부르크, 그리고 슈비츠의 병사들로 이루어진 스위스 연방군의 선봉 부대는 전투에 대한 열망이 나머지 병사들에 비해 월등히 높았다. 스위스군은 전형적인 종대를 이뤄 산비탈을 민첩하게 넘자, 그랑송 평야에서 부르고뉴의 군대가 전투 대형을 이룬 채 자신들을 기다리고 있는 모습을 발견했다. 이들이 산등성이로 내려오는 동안 샤를의 기병대는 공격을 준비하고 있었다. 이전에 경험을 많이 했기 때문에 스위스군은 이를 보고도 침착함을 유지할 수 있었다. 이들은 종대를 정비하고 공격을 기다렸다. 첫 공격이 샤를 군대의 우측 기병대로부터 시작되었다. 이 공격을 주도한 용맹한 샤토기용 영주는 파이크 무리에 몸을 던져 장렬히 전사하면서 슈비츠의 깃발 아래 쓰러졌다. 이에 샤를은 그때까지 유럽에서 가장 강력한 군단이라는 명성을 얻고 있던 장창병들을 이끌고 직접 공격에 나섰다. 그들은 용감한 군인들이 할 수 있는 모든 것을 시도했으나, 자신들을 향해 겨눈 창끝의 대열이 요지부동임을 보고 혼란스럽게 물러날 수밖에 없었다. 스위스군은 이윽고 평야로 전진했으며 팔랑크스 대형을 이용하여 부르고뉴군 대열에 충격을 가하기를 갈망했다. 이런 스위스군의 전진에 맞서 샤를은 중심 부대를 뒤로 뺐고, 스위스군이 더 가까이 오자 양쪽의 병력을 이용해 이들의 측면을 포위했다. 아직 스위스군의 지원 부대가 나타나지 않은 상황이었기 때문에 이러한 움직임은 효과를 거두는 듯해 보였다. 스위스군을 바로 마주하던 보병대와 총병들에게 조금씩 퇴각하라는 명령이 전달되었다. 이와 동시에 샤를이 가장 거세게 공격해 들어갈 예정이었던 좌익에 예비 병력을 보내 이 부분을 더 강화했다. 부르고뉴 군대가 구사한 이 전술은 사실 칸나에 전투에서 한니발에게 승리를 안겨준 방식의 재현이었다. 그러나 그들의 운명은 판이하게 달랐다. 처음에 중앙이 뒤로 퇴각하고 양익 부대가 아직 태세를 갖추지 않았을 때, 그때까지 보이지 않던 두 개의 스위스군의 종대가 오베르 산 꼭대기에서 갑자기 모습을 드러냈다. 이들은 특유의 안정적인 대형을 갖추고 일사불란하고도 위풍당당하게 전장을 향해 빠르게 다가왔다. 샤를이 첫 번째 팔랑크스 부대를 포위하려던 계획은 당연히 좌절되었으며 스위스군은 대표적 대형인 편대 체제를 형성하고 있었다. 전투의 국면은 생각보다도 더 급작스럽게 전환되었다. 부르고뉴군의 중심부가 뒤로 물러나는 척을 하고 있는 동안, 양익에 위치해 있던 모든 보병들이 대열을 이탈해 도망가기 시작한 것이다. 아직 스위스군이 가까이 접근하기도 전이었다. 완전히 난장판이었다. 이는 모두 샤를의 군대가 결속력도 자신감도 없어서 벌어진 결과였다. 여러 나라에서 모인 군대는 위험한 순간이 다가오자 과연 서로를 위해 전력을 다해 싸울 것인지에 대한 확신이 없어졌고, 중심의 점진적인 퇴각이 작전이 아니라 진짜로 밀리는 것이라 생각하여 전세를 바꾸고자 하는 열의를 지속할 수가 없었다. 아마 어떤 지휘관이라도 병사들이 이런 식으로 수치스럽게 도망치리라고 처음부터 예상하지는 못 했을 것이다. 그러나 안 그래도 강력한 적을 상대로 결속력이 떨어지는 군대를 이끌고 있었음에도 극히 정교한 움직임이 필요한 작전을 수행했다는 점에서 샤를은 책임을 면할 수 없다. '후방으로 빠지는 전략적인 움직임'은 병사들이 정말로 퇴각하는 것으로 이어질 수 있기 때문에 병사들을 완전히 장악하지 못하는 한 최대한 피해야 한다. 덕분에 그랑송 전투는 스위스군의 종대에 맞서는 훌륭한 기병들의 무력함을 보여주는 또 하나의 사례가 되었다. 그들의 보병대에 대적할 만한 상대는 아무도 없었다.

모라 전투

스위스 연방군에게 두 번째로 대패했을 때(1476), 샤를은 지휘 면에서 더더욱 명백한 잘못을 저질렀다. 그는 군대를 세 개로 나누었는데 이 때문에 측면에서 공격이 들어올 경우 서로를 지원할 수 없었다. 그가 포위 작전을 엄호하기Covering 위해 참호화한 위치에서는 남동쪽에서 들어오는 공격만 겨우 방어할 수 있을 뿐이었다. 이보다 더 이해할 수 없는 것은 부르고뉴군의 경장부대가 뒤에 위치한 본진에 너무 가까이 붙어 있어서 적군이 선두 부대에 가까이 오기 전까지는 적의 움직임을 정확히 알 수 없었던 점이다. 덕분에 스위스 연방군은 모라 숲에 몸을 숨긴 채 샤를 군대의 사실상 가운데와 왼쪽을 구성하는 두 개 대대의 바로 맞은편까지 다가갈 수 있었다. 적군이 바로 지척에 와 있다는 사실을 잘 알고 있는 샤를이 도대체 왜 전투 진열을 다 갖추고도 6시간 동안, 그것도 정찰병을 보내서 적의 동태를 알아보지도 않고 기다리기만 했는지 이해하기는 어렵다. 그러나 확실한 사실은 스위스군이 나타나지 않자 샤를은 그의 본진을 야영지로 보내고 공들여 만든 참호를 몇천 명의 병사에게 맡긴 후 자신도 그곳을 떠났다는 사실이다. 이런 실수는 흔치 않다.

모라 숲 한쪽에서 스위스군의 선봉대가 나타나서 부르고뉴군의 울짱으로 곧바로 전진했다. 제대로 전열을 가다듬지도 못한 수비대는 그 자리를 용감하게 지키기로 결심했으나 채 몇 분도 버티지 못하고 언덕의 반사면으로 밀려났고, 그 바람에 이들을 지원하기 위해 황급히 야영지에서 나오던 병사들과 뒤엉켰다. 뒤에서 무서운 기세로 쫓

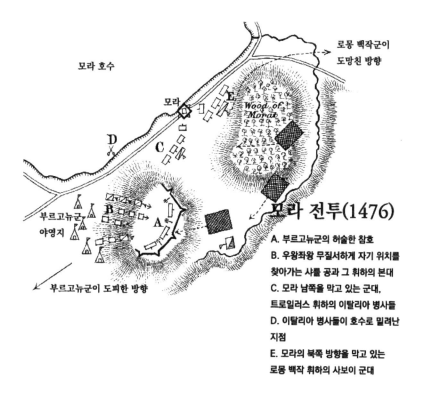

모라 전투(1476)

모라 호수

로몽 백작군이
도망친 방향

모라

D

C

B A

E

Wood of Morat

부르고뉴군
야영지

부르고뉴군이 도피한 방향

A. 부르고뉴군의 허술한 참호
B. 우왕좌왕 무질서하게 자기 위치를
찾아가는 샤를 공과 그 휘하의 본대
C. 모라 남쪽을 막고 있는 군대.
트로일러스 휘하의 이탈리아 병사들
D. 이탈리아 병사들이 호수로 밀려난
지점
E. 모라의 북쪽 방향을 막고 있는
로몽 백작 휘하의 사보이 군대

아오던 스위스군은 무질서하게 흐트러진 샤를의 군대를 압박하며 지원하러 오는 부대들을 하나하나 짓밟았다. 부르고뉴 보병대의 상당수가 탈주했고, 이는 그랑송 전투에서보다 훨씬 더 심각했다. 많은 기병들이 필사적으로 공격하며 그날의 운명을 바꾸려고 노력했지만 산발적으로 이루어지는 공격으로는 스위스군의 팔랑크스를 무찌르려 했던 과거의 시도와 비슷한 결과를 낼 뿐이었다. 스위스 연방군의 선봉대와 본대가 아방슈Avenches 방향으로 도망가는 군대를 쫓는 사이 후방 부대는 모라 마을 남쪽을 포위하고 있던 이탈리아 보병대를 치러 갔다. 퇴각하는 샤를의 본대는 스위스 종대에게 짓밟히거나 밀려 호수로 굴러 떨어지면서 전멸했다. 6천 명이 죽어가는 동안 몇 안 되는 사람만 달아날 수 있었다. 모라 북부 지역의 포위를 맡았던 로몽 Romont 백작 휘하 사부아인 부대만이 스위스 연방군의 후방 부대 쪽을 교묘히 돌아서 나가는 위험한 방법을 택해 겨우 빠져나갈 수 있었다.

비록 샤를이 실수를 저질러 적에게 승리를 거저 안겨줄 빌미를 제공하기는 했지만, 모라에서 스위스군이 구사한 전법은 이 승리를 완성하도록 만들었다. 부르고뉴군의 오른편에 공격을 성공시키면 분리되어 있던 중심부와 왼쪽을 구성하는 부대의 퇴각을 차단할 수 있을 터였다. 이에 따라 스위스군의 지휘관들은 그 지점을 치기로 결정했는데, 그곳까지 도달하려면 적군의 전선을 똑바로 가로질러 이동해야 했다.[250] 이들의 이동을 알아차리지 못한 샤를의 믿기 힘든 부주의 덕분에 스위스군은 급습을 감행하여 샤를을 깜짝 놀라게 했고, 그가 미처 전열을 조금이라도 가다듬기도 전에 완전히 짓밟아 버렸다.

낭시 전투(1477)에서 스위스의 지휘관들은 작전 계획에 있어 또 다시 주목할 만한 기술을 보여주었다. 본대와 후방의 작은 종대가 뒤로 빠지는 척 하면서 부르고뉴군의 주의를 끄는 동안 선봉 부대가 방향을 돌려 숲속으로 들어갔고, 얼마 후 적군의 측면에 나타나 꼼짝 못하게 만들었다. 샤를의 군대는 정면과 오른쪽 측면에서 동시에 공격을 받으며 수적으로 훨씬 우세한 적군을 상대해야만 했다. 결국 그들은 단

---

250 스위스 전쟁 위원회에서 울리히 카치Ulrich Katzy는 "만약 우리가 로몽을 친다면 그때를 틈타 공작(샤를)이 도망갈 것이다. 그러니까 언덕을 둘러서 본진 쪽으로 다가가 그들을 공격하면 나머지 병력은 충돌 없이도 사로잡을 수 있을 것이다"라고 말했다. 이는 정말 탁월한 전술이었다.

순히 패배한 게 아니라 완전히 궤멸되었다. 샤를은 도망치지 않은 채 산발적으로 흩어져 탈주하는 병사들을 수습하며 필사적으로 싸웠지만 스위스군의 미늘창에 맞아 투구와 두개골이 쪼개지면서 전사하고 말았다.

15세기 마지막 해의 전쟁들

그러나 낭시와 모라 전투에서 보인 스위스군의 지휘 능력은 예외적이다. 이 두 전투 이후에는 이 전투들이 있기 바로 전처럼 훌륭한 전략적 기술보다는 저돌적이고 필사적인 공격의 결과로 승리를 거두었다는 점을 알 수 있다. 1499년의 슈바벤 전쟁에서 그들이 거둔 승리는 지휘관보다는 병사들의 덕이 크다.[251] 하르트Hard와 말스 인근 황야 Malsheide에서 이루어진 요새 야영지 급습은 꺾이지 않는 용맹함이 얼마나 강력한지 보여주는 훌륭한 예다. 반면 스위스군의 지휘관들은 군대를 이끌고 적군의 참호로 이끄는 것만으로도 자신들의 임무를 온전히 수행했다고 생각하는 것처럼 보일 정도였다. 프라스텐츠Frastenz 전투에서는 티롤인들이 무방비 상태로 두고 떠난 접근이 불가능한 절벽에서 필사적으로 싸움으로써 승리를 얻었다.[252] 심지어 도나흐 전투

---

251 스위스 연방은 슈바벤 전쟁에서 막시밀리안 1세로부터 승리한 후 명목 상으로는 신성로마 제국의 일부지만 사실상 독립국가로 자리잡게 된다.◎

252 스위스군은 합스부르크가 휘하 티롤인들이 차지하고 있던 절벽의 요새 에 대한 정면 공격을 피해 산을 가로질러 공격하여 요새를 차지한 후, 거점으로 삼아 합스부르크가 군대의 측면을 공략했다.◎

(1499)-18세기 전까지 스위스 영토에서 침략자에 맞서 싸운 마지막 전투-에서도 스위스 연방군은 슈바벤의 파이크병과 육탄전에서 우위를 점했고 겔데른의 장창병도 아무리 기를 쓰고 달려들어 봤자 스위스군의 측면 종대를 뚫을 수 없다는 사실을 깨달으면서 전세는 스위스군에게 유리하게 흘러갔다. 스위스군에게는 거시적인 전략이 전무했다. 일단 적군에 맞서 팔랑크스 대형을 만들어 어떤 적이든 무찌를 수 있다는 자신감을 갖고 돌격하는 것만으로도 충분했다.

iv 스위스군이 몰락한 요인들

    스위스 연방군은 군사 과학의 더 고차원적이고도 민감한 문제를 무시하는 바람에 필연적으로 강력함이 무디어졌고 결국 무소불위의 명성은 깨지고 말았다. 이탈리아에서 대규모 전투가 벌어지던 시절의 다른 유럽 국가들이 그곳에서 뭔가를 배우고 도입하던 것과 대조적으로 오직 스위스군만 학습을 거부했다.[253] 당시 새로이 발견한 고대 국가들의 군사 기술이 지휘관들의 경험과 결합되면서, 다양한 전쟁 이론들은 중세에 알려졌던 그 어떤 것보다도 우월한 전쟁의 기술로 발전하였다. 공병工兵과 포병이 전쟁의 양상을 바꾸기 시작하자 봉건적 전

253 대 이탈리아 전쟁이라고도 불리는 1494년부터 1559년까지 일어난 이탈리아 반도 내에서의 다양한 전쟁들을 아우르는 말이다. 프랑스, 신성로마제국, 이탈리아의 도시국가들, 잉글랜드, 스코틀랜드, 에스파냐, 오스만 제국 등 다양한 나라들이 참전한 대규모 전쟁이었으며 정치적 목표에 따라 국가 간 동맹이 수시로 바뀌었다.◎

통은 모든 곳에서 사라졌다. 새로운 형태의 군사적 효율성, 예를 들어 에스파냐의 로델레로Rodeleros[254], 경기병 스트라디오트Stradiot[255], 독일인 머스킷 총병들의 검은 부대Bande Nere[256] 등이 전면에 등장하기 시작했다. 그리고 보병이 소지하는 화기가 발전하기는 했지만 야전 포병이 성취한 기동력의 발전에는 비할 바가 못 되었다.

점점 전형화되는 스위스의 전술들

그러나 스위스군은 그러한 변화에 전혀 관심을 두지 않았다. 그들을 둘러싼 세계는 바뀌고 있었지만 그들은 조상들이 썼던 전술을 고집스럽게 고수했다. 사실 그도 그럴 것이, 그들의 무기는 그때까지도 여전히 승리를 안겨주었다. 스위스군이 이탈리아에서 보여준 대로, 보다 더 북쪽 지역에서도 사정은 마찬가지였지만 "상대편 군대에 기병의 수가 몇이건 상관없이 1만~1만5천 명에 달하는 스위스 파이크병이 출정하면 대부분 놀랄 만한 결과를 가져왔다."[257] 이 때문에 스위스군은 여전히 건재하다고 여겨졌다. 물론 그들이 한때 독보적인 존재

254 검과 방패를 든 병사.◎

255 주로 발칸 반도 출신의 용병들로 이루어졌다.◎

256 메디치가의 로도비코 데 메디치Lodovico de' Medici가 이끌었던 용병 부대로 머스킷을 주무기로 삼아 여러 군사적 성과를 올리며 이름을 알렸다. 자신들을 고용했던 교황 레오 10세(1475~1521)의 죽음을 기리기 위해 휘장에 검은색 줄무늬를 넣어서 검은 부대라고 불렸다.◎

257 마키아벨리, 『전술론』, 2권.

였으며 중부 유럽과 남부 유럽 모든 국가들의 군사 역사에 족적을 남겼다는 사실은 부인할 수 없다. 그러나 전쟁의 기술에 대해 포괄적이고 과학적 지식이 전혀 없는 병사들이 수행하는, 게다가 한쪽으로만 치우친 단 한 가지 전술이 군사적 우위를 점하는 일이 오래 지속되기란 불가능했다. 스위스군이 쟁취한 승리를 보고 능력 있고 다재다능한 장군들은 이 팔랑크스의 공격을 무찌를 방법을 계속 탐색했다. 이들의 노력은 생각보다 쉽게 성과를 얻었는데, 당시 봉건 기사제와 중세 시대의 무력한 보병이 규율이 잡힌 군대로 빠르게 교체되고 있었던 덕분이었다. 이들은 침착하고 질서정연하게 움직였고 심지어 스위스군의 파이크병들이 무시무시한 기세로 달려올 때도 질서를 유지했다. 용담공 샤를의 군대가 비효율적이었던 이유는 출신 국가가 달라서 병사들의 결속력이 떨어진 점과 더불어 무능력한 지휘관 때문이었다. 이로부터 30년 후 이탈리아를 지킨 군대는 이와 판이하게 달랐다. 이 군대도 마찬가지로 다른 국가 출신의 병사들이 뒤섞여 있었지만 전통적인 전우애, 소속감, 자부심, 또는 자신이 존경하는 지휘관에 대한 자신감으로 단결되어 있었다. 따라서 스위스군은 이제까지 그들이 맞붙었던 그 어떤 군대보다 높은 군사적 가치를 고수하는 이들과 맞서야 했다.

란츠크네히트와 그들의 적수로서의 스위스

막시밀리안 황제(1459~1519)는 스위스 연방군에 대한 첫 번째 실험을 감행한 인물이다. 그는 독일의 파이크 군단과 미늘창 군단을 스위스군의 그것과 완전히 같은 방식으로 훈련시켰다. 란츠크네히트 Landsknechts는 스위스군과 피비린내 나는 전장에서 맞붙었고, 곧 스위스군에 버금가는 명성을 얻었다. 이 두 군대는 군사적으로, 그리고 국가적으로 경쟁심을 느꼈다. 스위스 연방군은 자신들의 전술을 그대로 따라하는 군대에게 몹시 분개했으며, 독일군은 자신들이 알프스 출신의 군대보다 용맹이 덜하지 않음을 보여주겠다고 굳게 다짐했다. 따라서 이 둘의 종대가 충돌했을 때 그 충격은 어마어마했다. 삐죽삐죽하게 나온 파이크 대열이 맞붙었고, 뒤에서 가해지는 강한 압박 때문에 앞쪽 대열은 상대편의 무기에 찔렸다. 많은 경우 선봉대의 팔랑크스들은 단 한 번의 공격으로 전멸하였으며 그 뒤에 있던 병사들이 앞으로 나와 싸움을 이어갔다.[258] 양쪽이 상대방을 계속해서 미는 동안 자연히 대열이 흐트러지고 파이크가 서로 엉켜버렸다. 이제 미늘창병들이 나올 차례였다.[259] 종대가 열려서 이들이 앞으로 나올 길을 터주거나, 그것이 여의치 않으면 이들은 뒤에서 측면 쪽으로 돌아나와 난전에 뛰어들었다. 전투는 참혹했다. 양쪽 모두 무시무시한 속도로 상대방을 살육했다. 이들의 무기는 크고 육중해서 막거나 쳐내

258 란츠크네히트의 옛 대장인 프룬츠베르크는 이러한 공격을 두고 쿨하고 비즈니스적인 관점으로 평가했다. "긴 다리를 가진 동료가 바닥에 쓰러지면 그 뒤에 있는 사람은 좀 더 조심스러워진다Wo unter den langen Wehren etliche Glieder zu grund gehen, werden die Personen, so dahinter stehen, etwas zaghaft."

259 15세기가 끝날 무렵 양손검은 거의 전적으로, 그리고 모르겐슈테른과 루체른 해머는 대부분 사라졌다.

기가 불가능했기에 거의 모든 경우 죽음에 이르는 깊은 상처를 남겼다. 무기를 휘둘렀지만 빗나가거나, 쓰러진 전우에 발이 걸려 넘어지거나, 몸을 돌려 도망치는 병사는 이미 끝난 운명이었다. 자비는 기대할 수도 없고 주어지지도 않았다. 물론 이렇게 끔찍한 백병전은 오랜 시간 지속되지 않았다. 일단 한쪽 편이 밀리면 퇴각하면서 어마어마한 손실을 감당해야 했다. 란츠크네히트가 병력의 절반을 잃은 것도 스위스군과의 난전이 벌어진 노바라 전투(1513)[260]에서였다. 그러나 이러한 승리에도 불구하고, 스위스 연방군은 자신들의 군사적 우위가 예전만 못한 현실을 깨달았다. 이제 그들은 전장에서 단 한 번의 공격으로 상대편을 쓸어버릴 수 없었으며 이긴다 하더라도 그 과정에서 전력을 다해야만 했다. 란츠크네히트는 전투에서 패배했으나 이 지역을 지키는 데는 성공했고, 이후 스위스군이 비코카Bicocca의 치명적인 구덩이에서 우왕좌왕할 때 결국 복수할 수 있었다.

에스파냐 보병의 짧은 검

그러나 독일 용병대보다도 더 강력한 적이 얼마 후 모습을 드러냈다. 바로 곤살로 데 코르도바Gonzalo Fernández de Córdoba[261]의 에스파

---

260 대 이탈리아 전쟁의 일부인 캉브레 동맹 전쟁(1508~1516)에서 벌어진 전투로 밀라노 공국 서부 지역 대부분을 점령한 후 노바라에 진격한 프랑스군을 스위스군이 새벽에 기습함으로써 전개됐다.◎

261 이베리아 반도에 남아 있던 최후의 이슬람 왕국인 그라나다 왕국을 함락함으로써 레콩키스타(711~1492)를 완결시키고 강화된 보병과 화포, 야전

냐 보병대가 나타난 것이다. 이들은 옛 로마 전술의 우월함을 다시 한 번 전 세계에 보여줬다. 이들은 고대 레기오 병사들과 흡사하게 무장했다. 짧은 검과 버클러를 들고 철모를 썼으며 등갑Back-plates과 정강이받이를 장착했다. 당연히 이들은 곧 전투를 치르게 될 스위스군보다 방어력에서 더 우월할 수밖에 없었다. 1502년 바를레타의 성벽에서 파이크병과 검사가 처음 만났을 때, 퓌드나Pydna(BC.197)와 키노스케팔라이Cynoscephalæ 전투(BC.197)에서 볼 수 있었던 오래된 문제점이 다시금 재현되었다.[262] 마케도니아의 필리포스 5세(BC.238~BC.179)[263]의 시절만큼 단단하고 효율적인 팔랑크스가 아이밀리우스 파울루스Lucius Aemilius Paullus Macedonicus[264]의 레기오 전술을 받아들인 군단과 맞붙었다. 그러자 그 시절처럼, 더 짧은 무기를 가진 편이 우세했다. '전투가 시작되었을 때, 스위스군의 앞열이 파이크로 상대방을 너무 강하게 압박하는 바람에 대열이 벌어졌다. 그러자 검을 든 에스파냐군이 버클러에 몸을 숨기고 교묘하게 그 사이로

축성에 기반한 전술로 대 이탈리아 전쟁에서 연이은 승리를 이끌었다. 대 이탈리아 전쟁 중 프랑스와 맞붙은 세미나라 전투(1495) 외에는 패배한 적이 없다고 알려진 명장.

262 퓌드나 전투는 제3차 마케도니아 전쟁, 키노스케팔라이 전투는 제2차 마케도니아 전쟁에서 로마군과 마케도니아군이 맞붙은 전투로 둘 다 팔랑크스에 대항하는 로마 레기오의 승리였으며 각각 마케도니아 전쟁을 끝내는 계기가 됐다.◎

263 '그리스인들의 사랑을 받는 자'라는 별명을 얻을 정도로 탁월한 마케도니아의 군주였으나 제2차 마케도니아 전쟁의 패배 후 로마의 정치적 압박 속에서 사망한다.◎

264 제3차 마케도니아 전쟁을 승리로 이끈 로마 공화정의 군인.◎

침투해서 스위스 병사들을 무자비하게 살육했고, 완벽한 승리를 거둘 수 있었다.'[265] 패배한 스위스군은 예전에 그들이 젬파흐에서 오스트리아군에게 했던 짓을 에스파냐군에게 똑같이 당했다. 긴 무기를 가진 병사들은 일단 상대가 가까이 들어오면 속수무책이었다. 상대편이 가진 무기가 장창이든 미늘창이든, 파이크든 검이든 상관없었다. 스위스식 또는 마케도니아식 팔랑크스의 틈새에 적군이 침투하면 긴 무기는 파국의 원인이 됐다. 이렇게 되면 어쩔 수 없이 창을 놓고 방어구도 없이 검만 쥐고 싸워야 했는데 상대는 갑옷과 투구를 장착하고 버클러와 검을 쥐고 있었기 때문에 상대가 되지 않았다. 오직 검과 창만이 맞붙으면 결과가 어떻게 될 지 모를 일이지만, 검에 가벼운 방패가 더해지면 확실한 우위를 점할 수 있음이 자명했다. 버클러로 창끝을 막아내면서 검으로 상대를 공격할 수 있었기 때문이다.[266] 따라서 에스파냐와 스위스 보병대가 만났을 때, 에스파냐군이 거의 매번 승리하는 것은 당연했다.

265 마키아벨리 『전술론』 2권 34쪽.

266 줄루 왕국의 왕 케취와요(1826~1884)(대영제국과 남아프리카 줄루 왕국 간에 벌어진 이산들와나 전투(1879년)에서 아프리카 국가로서는 처음으로 영국군을 패배시킨 왕)의 전임자 중 한 명인 샤카(1787?~1828?)가 이러한 문제를 풀었다는 점이 흥미롭게 다가온다. 그는 1백 명의 병사를 방패와 '짧은 아세가이', 즉 창보다는 검의 모양과 흡사한 찌르는 데 특화된 무기로 무장시켰다. 그러고는 적군과 맞붙었는데, 이들은 방패와 '긴 아세가이', 즉 예전에 샤카의 부족이 사용했었던 더 가는 재블린을 무장하고 있었다. 이 전투에서는 더 짧은 무기를 지닌 샤카의 군대가 쉽게 승리를 거머쥐었고 왕은 줄루군 모두에게 이 무기를 사용하도록 명령했다. 사실 줄루 군대가 주변 국가 군대에 비해 더욱 우월함을 갖추게 된 것은 바로 이 변화 덕분이었다.

라벤나 전투

파이크의 무력함은 에스파냐군에게 그리 운이 따라주지 않았던 한 전투에서조차도 극명히 드러났다. 라벤나 전투(1512)에서 가스통 드 푸아Gaston de Foix[267]는 라몬 데 카르도나Ramón de Cardona[268]를 진지에서 끌어내는 데 성공했고, 이 기세를 몰아 계속 밀어붙이며 승리를 거두는 듯했다. 질서정연하게 퇴각하는 에스파냐 보병대를 방해하기 위해 가스통은 야콥 엠프저Jacob Empser[269]의 파이크병을 보내 프랑스 깃발 아래에서 예비 병력의 임무를 수행하도록 했다. 이들은 퇴각하는 종대의 뒤를 쳐서 퇴각을 막으려 했다. 이때, 에스파냐군이 갑자기 돌아서서 독일군을 향해 엄청난 기세로 공격을 퍼부으며 "파이크를 향해 달려들거나 파이크를 피해 바닥을 기어서 병사들의 다리 사이로 들어갔다." 이는 우리에게 엘 테브 전투에서 수단 군대의 움직임을 떠올리게 한다. 이 방법으로 에스파냐군은 적에게 접근해서 "그들이 가진 검을 훌륭히 사용해 공격했기에 독일군 병사는 프랑스 기병들이 도와주러 오지 않았다면 단 한 명도 빠져나가지 못할 뻔했다."[270]

이와 같이 검과 버클러가 파이크를 압도하는 모습은 16세기의 첫 1/4에 달하는 기간 동안 벌어진 많은 전투들에서 전형적으로 나타났

---

267 대 이탈리아 전쟁에서 프랑스군 사령관으로 활약했다. 특히 1511년과 1512년 사이 6개월 동안 교황-이탈리아 연합군을 상대로 승리를 거듭하여 북부 이탈리아를 확보했다.◎

268 교황-이탈리아 연합군에서 에스파냐군을 이끌었던 지휘관.◎

269 당시 란츠크네히트의 사령관으로 5천 명 가량의 병력을 이끌었다.◎

270 마키아벨리 『전술론』 2권.

다. 이쯤 되면 스위스군의 무기가 이런 문제점들에도 불구하고 어째서 계속 쓰였는지에 대해 의문을 가지는 게 당연하다. 에스파냐의 보병대는 이와 대조적으로 자신들의 특수한 전술을 폐기한 바 있기에 더욱 그렇다. 이 의문에 답하기 위해서는 우선 검은 기병의 공격을 쳐내기에 적당하지 않은 데 반해 파이크는 17세기 말에 도입된 총검 Bayonet을 막아내는 데 활용되었다는 점을 들 수 있다. 마키아벨리는 고대 로마 연구에서 에스파냐의 군사 체계가 그 옛날 레기오의 군사 체계의 재현이라 평하며 이를 열렬히 숭배하면서 파이크의 역할에 대해서는 내내 부정적인 입장을 취했다. 그러나 그런 그마저도 그의 『전술론』에서 이상적인 군대라면 상당 부분을 파이크병으로 다시 구성해야 한다고 인정한 바 있다. 그는 파이크만큼 안정적으로 기병의 공격에 대항할 수 있는 무기는 딱히 없으므로 파이크병과 로마식 경보병 Velites과 버클러병Buckler-men이 결합되어야 한다고 주장했다.

요새진지

기술자들과 포병술이 빠르게 발전하는 현실도 스위스군의 우위에 타격을 가했다. 르네상스 시대가 주는 에너지는 직업 군인을 학자로 만들었고 이들은 고대에 쓰인 군사 과학을 현재의 전쟁에 도입하려 애썼다. 당시 베게티우스, 히기누스Hyginus Gromaticus[271]와 비트루비우

---

271 『로마의 진지 구성에 관하여Liber De Munitionibus Castrorum』(2세기 초 추정)의 저자로 알려져 있는 측량사 겸 작가.◎

스Marcus Vitruvius Pollio[272]에 대한 가장 조악한 연구조차 로마가 활용했던 요새화한 진지의 강력함을 보여주기에 충분했다. 이에 따라 축성술Castramentation[273]에 관한 내용이 부활했고, 모든 군대는 공병대를 포함하게 되었다. 참호를 영구적으로뿐만 아니라 단 며칠 동안만 쓰는 것도 일반적인 방식이 되어갔다. 유리한 곳에 진영을 치고, 전장에서 다소 힘이 떨어지는 쪽을 방어하기 위한 포병을 위치시킬 포상의 설치를 대 이탈리아 전쟁 중 가장 큰 전투들에서 볼 수 있었다. 라벤나 전투, 비코카 전투, 그리고 파비아 전투(1525)가 이를 극명히 보여주는 사례다. 이때 지휘관들은 종종 모든 병력을 요새화한 마을로 끌고 들어가 그 안과 밖에 보루를 쌓는 등의 작업을 해서 단순한 성벽이 아니라 참호로 둘러싸인 진영처럼 보이도록 만들었다. 이러한 전쟁의 양상은 스위스군에게 파괴적인 재난으로 다가왔다. 이들의 용맹함이 제아무리 하늘을 찌른다고 해도 장애물에 어떤 방식으로 접근해야 하는지에 대한 기술을 배우지 않는 한 돌로 만든 성벽을 넘거나 물이 넘실대는 해자를 건널 수는 없었다. 스위스 연방군은 자신들의 초기 시절 단단하게 방어된 진지를 공격할 때 많은 기술을 보여주지 못했다. 그리고 이제는 적들이 과거의 열린 평야에서의 전투만큼 자주 방어화한 시설 뒤에 숨게 됐지만, 이들은 여전히 변화된 상황에 맞게끔 자신들의 전술을 적용하기를 거부했다.

---

272 카이사르의 군대에서 활동했다고 알려진 건축가로 로마 건축 기술을 집대성한 10여 권짜리 『건축 10서De Architectura』(기원전 30년~15년 사이로 추정)를 남겼다.◎

273 로마 군대에서의 진지 축성 기술.

비코카 전투

물론 스위스군은 때때로 오로지 열심히 싸움으로써 승리를 거두기도 했다. 1507년 제노바의 외루外壘에서 벌어진 전투가 대표적이다. 그러나 많은 경우, 이들의 성급한 돌격은 안정적으로 대항할 수 있을 정도로 충분한 숫자를 갖춘 상대 병력에 의해 실패로 돌아갔다. 이를 가장 잘 보여주는 사례는 1522년에 스위스 종대가 비코카의 요새화한 진영에서 적군을 몰아내려 시도했을 때였다. 에스파냐군의 화승총병이 퍼붓는 공격을 뚫고 이들은 신성로마 제국 군대를 방어하는 여러 개의 울타리와 물을 채운 구덩이를 건넜다. 그러나 프룬츠베르크 Georg von Frundsberg[274]가 이끄는 란츠크네히트들이 지키고 있던 마지막 구덩이와 둑까지 왔을 때, 더 이상 건널 수 없는 장애물을 만나고야 말았다. 맨 앞의 병사들이 깊은 구덩이로 뛰어들어 가파른 경사면을 올라가려고 했으나, 한 명도 빠짐없이 독일군의 파이크 공격을 받아야만 했다. 독일군은 높은 곳에 서서 스위스 병사의 계속되는 공격에도 흔들림 없이 계속해서 이들을 물리쳤다. 결국 스위스군이 헛된 시도를 그만두기까지 3천 명의 병사들이 구덩이에 빠졌다. 이는 1758년 타이콘데로가 전투에서 영국군이 보인 전투 방식과 쌍벽을 이루는 것이었다.[275]

---

274 란츠크네히트의 지휘관으로 현대적인 초기 보병 전술을 선보였다고 평가된다.◎

275 1754년부터 시작된 7년 전쟁 중 당시 식민지였던 미국 뉴욕의 타이콘데로가에서 영국군과 프랑스군 사이에서 벌어진 전투로 1만8천여 명의 영국군이 3천6백 명의 프랑스군에게 대패했다.◎

포병대 활용의 증가

16세기 초 포병술의 발달은 스위스 연방군에게 더더욱 큰 혼돈을 가져다주었다. 그들의 팔랑크스 대형은 대포가 겨냥하기에 가장 쉬운 목표물이어서 포탄 하나하나에 엄청난 피해를 입었다. 밀집 대형에 떨어진 단 한 발의 포탄으로도 20명 정도에게 치명상을 입히기에 충분했다. 그러나 스위스군은 치명적인 포탄이 날아오는 데도 아랑곳하지 않고 포대를 향해 계속해서 돌격했다. 이러한 공격 행태는 어쩌면 15세기, 그러니까 총포가 너무나 조악해서 한 발을 쏘고 그 다음 발을 쏘기도 전에 적군이 빠른 속도로 달려와 총구 지척까지 접근할 수 있었던 시기에는 쓸 만했을 수도 있다. 그러나 과학적인 기술을 습득한 포수, 예를 들어 페드로 나바로Pedro Navarro[276]와 알폰소 1세 데스테 Alfonso I d'Este[277]는 대포의 기동력을 높이고 발포 간격을 현저히 줄여 전투에서 존재감 있는 무기로 만들었다. 그러나 지난 40년 동안 포탄의 공격이 예전보다 4~5배 더 강력해졌는데도 불구하고 스위스군은 여전히 전면 공격을 고집했다.

---

276 에스파냐의 공병 기술자 겸 지휘관.◎

277 유력한 왕후 가문인 에스테가의 일원으로 페라라 공작이었으며 그 자신이 대포 제작자이기도 했다.◎

마리냐노 전투

이렇게 무모한 전술이 치명적인 피해를 가지고 올 수 있다는 교훈을 이들은 마리냐노 전투(1515)에서야 얻었다. 당시 프랑스 기병대 Gendarmerie도 매우 용감하게 싸웠지만 승리의 주역은 포병이었다. 프랑수아 1세(1494~1547)는 측근의 조언을 받아 전투에서 포병들이 스위스군의 정면을 공격하는 동안 기병들은 계속해서 스위스군 종대의 측면을 공격하는 방법을 택했다. 기병은 스위스군의 팔랑크스 대형을 결코 흐트러뜨리지 못했으나 멈춰 서서 고슴도치 대형으로 대열을 바꾸게끔 만들었다. 5백 명에 달하는 병사들이 밀집한 이 대형에 기병들은 차례로 공격을 가했다. 한 기병이 달려들었다 쓰러지면 그 다음 기병이 연이어 공격하는 방식이었다. 왕은 이를 두고 '이러한 방식으로 30회가 넘는 공격이 먹혀들어갔으니 이제 그 누구도 기병이 갑옷 입은 산토끼보다 쓸모가 없다고 말하지 못할 것입니다'라고 쓴 편지를 자신의 어머니에게 보낼 정도였다. 물론 이 공격만으로는 결정적인 성과를 낼 수 없었다. 사실 기병의 공격은 스위스군의 움직임을 관찰하면서 그들이 대포로 공격하기에 적당한 곳에 멈춰있게끔 만드는 것에 더 큰 목적이 있었다. 즉, 이 전투에서 승패를 가른 것은 바로 포병이었다.[278] 결국 스위스군 종대는 극심한 피해를 입고 더 이상 행군하지 못하게 되자 질서정연하게 퇴각하는 방법을 택했다. 그러나 이들의 병력은 이미 반으로 줄어든 상태였다.

---

278 시스몽디의 『이탈리아사Italian History』(1808) 9권 213쪽 참고.

스위스군 기강의 문란과 그 결과

스위스군이 쇠퇴하게 된 이유 중 앞서 서술한 문제들과 마찬가지로 중요한 점은, 바로 내부의 무너진 규율에 있었다. 다른 국가들의 사령관들은 점점 더 전쟁의 기술에 대해 통달하게 됐지만 스위스의 사령관들은 자신들의 집단 안에 점점 잠식되어 갔다. 지휘관의 권한이 분산되어 있었기 때문에 전략 기술을 발전시키기 어렵다는 사실은 원래부터 자명했으나 이제는 전술적인 면에서도 어려움을 겪기 시작했다. 스위스 군대는 자신들을 군사적 규율에 따르는 집단이 아니라 군사 작전을 수행하는 민주적 집단이라고 여겼다. 이들은 스스로를 무적이라고 생각하며 헛된 자신감에 차 있었기 때문에 조금이라도 불필요하다고 생각하는 명령은 무시했다. 상대편을 치면 안 되는 상황에서 먼저 공격을 가한 적도 있었고 지원 병력이 도착하기 전까지 전투를 개시하지 말라고 명령받았는데도 아랑곳없이 전투를 시작하기도 했다. 상황이 좋지 않게 흘러가면 상관에 대한 표면적인 복종까지 집어던졌다. 비코카 전투에 앞서 이들은 "지휘관, 연금 수령자, 두 배의 급료를 받는 자들이여 어디에 있는가? 이리 나와서 한 번이라도 돈을 정당하게 벌어보라고 하자. 그자들은 오늘 맨 앞에서 전투를 치러봐야 하리라"라고 외쳤다. 그 오만한 요구보다 더 경악스러운 것은 바로 요구가 실제로 행해졌다는 사실이다. 지휘관과 대장 들은 앞으로 나와서 종대의 맨 앞줄을 구성했다. 이들은 전투 중에 한 명도 살아남지 못했으며 선봉대를 지휘했던 운터발덴의 빈켈리트는 프룬츠베르크가 이끄는 란츠크네히트의 창에 맞아 가장 먼저 전사한 지휘관이 되었다. 일반 사병이 명령을 내리고 장군들이 이를 따르는 군대에게서 뭘 기대할 수 있겠는가? 짐승 같은 괴력과 눈먼 투지만이 유일한 장점인 스위스군은 이제 전쟁의 새로운 흐름을 공부한 과학적인 지휘관들이 이끄는 군대와 맞서야 했다. 그 결과는 예상대로였다. 한때 유럽에서 숭배되었던 파이크 전술은 이제 너무나 전형화되는 바람에 한물 가버렸고 스위스군은 전 세계에서 가장 강력한 보병대라는 자랑스러운 지위를 잃게 되었다.

VI
잉글랜드와
그 적들
1272~1485

장궁과 그 기원

14~15세기 스위스군에게 파이크가 그랬던 것처럼 장궁Long-bow
은 잉글랜드 군대의 승리에 핵심적인 역할을 했다. 파이크와 장궁은
각각 다른 특징을 지녔고 두 나라의 군대가 이를 이용하는 전술도 상
이했지만 두 무기는 모두 전쟁에서 봉건제도의 무장기병이 가지던 우
위를 끌어내렸다는 공통점이 있다. 이 시기 전쟁의 역사에서 흥미로
운 점은 궁병을 잘 활용한 사령관들이 실제로 활에 대한 완벽한 이해
를 바탕으로 하지는 않았다는 점이다. 특히 흑세자 에드워드와 그의
부왕은 자신들을 기사도의 꽃이라고 생각했기 때문에, 만약 자신들이
구사한 전술 때문에 앞으로 기병전을 중심으로 하는 전투가 사라지리
라는 사실을 미리 알았더라면 공포에 질렸을 것이다. 하지만 현실이
그랬다. 대규모 마상시합Tilting Match을 연상시키는 비과학적 전투는
만일 한쪽이 전장에 예비병력을 들여와 상대가 장창 가까이 오는 것을
막아낸다면 지속될 수 없는 방식이었다. 그러나 당시 시대적 상황은
잉글랜드의 사령관들이 그런 계책을 생각할 수 없도록 만들었다. 그
들은 자신이 가진 병력을 최대한 잘 이용했고 이로 인해 전쟁에서 이
기면 그것으로 만족해했다.

13세기의 마지막 1/4이 되어서야 잉글랜드에서는 장궁이 국가적
인 무기로 자리매김하였다. 물론 그동안 우리의 노르만과 앙주의 왕
들Norman and Angevin kings이 이끄는 군대에서 궁병을 찾아볼 수
는 있었지만, 그 수는 군대 내에서 가장 많지도 않았고 전열에서 그
리 효과적으로 이용되지도 않았다. 해협의 안쪽에서도 그 너머에서

와 마찬가지로 무장한 기병의 우월성에 대해 전혀 의문을 갖지 않았기 때문이다. 사실 노르만족이 장궁을 도입하는 데 기반이 된 이론이 무엇인지 입증하기도 어렵다. 만약 우리가 바이외 태피스트리Bayeux Tapestry[279]-최근 발견된 증거들에 의하면 세부 묘사가 매우 정확하다고 판단되는-를 미루어 추측하면, 노르망디공 기욤 2세의 궁수들이 지닌 활은 당시 잉글랜드에 알려지고 도입되어 센락 전투에도 쓰였던 것과 거의 같은 종류라고 추측할 수 있다.[280] 바로 단궁Short-bow이었는데, 귀가 아닌 가슴 쪽에서 당겨서 쐈다. 이후 역사에서 때때로 언급되는 궁수들-예를 들어 스탠다드 전투(1138)[281]에서 눈에 띄는 역할을 했던-은 국가 군사 체계에서 그다지 중요한 부분은 아니었다. 활이 무기로서 얼마나 무가치하게 여겨졌는지는 1181년에 공포된 무장칙령Assize of Arms[282]에서 일절 언급되지 않은 점에서 잘 나타난다.

---

279 11세기에 제작된 노르망디공작 기욤 2세 군대의 잉글랜드 정복 과정을 기록한 자수 작품.◎

280 마치 아이아스에 의해 보호받은 테우크로스처럼(아이아스는 트로이 전쟁의 영웅으로 방패의 달인이었으며 그의 이복동생 테우크로스는 활의 달인으로 두 사람은 서로 협동하여 전투를 치렀다), 세인의 보호 하에 웅크리고 있던 궁병들이 사용한 것을 예로 들 수 있다.

281 스코틀랜드의 왕 데이비드 1세(1084~1153)가 영토 확장을 노리고 잉글랜드를 침공하여 벌어진 전쟁. 이 전쟁에서 잉글랜드군은 궁병들로 전열 앞을 지원하는 전술을 썼다고 알려져 있다. 데이비드 1세는 동원된 병력의 대부분에 달하는 1만2천 명 가량의 사상자를 내고 패퇴했다.◎

282 헨리 2세가 발표한 무기 소유와 거래에 관한 법령.◎

쇠뇌와의 대립

따라서 헨리 2세(1133~1189) 치하의 잉글랜드 시대까지도, 활이 의미 있는 무기로서의 지위를 갖지 못했다고 보는 게 타당하다. 리처드 사자심왕(1157~1199)이 쇠뇌를 특별히 선호했음을 봐도 비슷한 결론을 내릴 수 있다. 만약 그가 14세기 장궁의 뛰어난 특징을 알았다면 쇠뇌를 우월한 신무기로서 도입하지는 않았을 테니까 말이다. 활은 쇠뇌에 비해 발사 속도가 뛰어나다는 점이 자명했으므로 리처드 사자심왕이 쇠뇌를 도입한 이유는 사정거리나 꿰뚫는 힘에 더 무게를 실었기 때문이리라. 그러나 무엇보다도 이를 뒷받침하는 가장 확실한 증거는 훈련받은 궁병들이 백년전쟁에서 쇠뇌병을 박살냈던 사건이다. 이를 통해 우리는 쇠뇌로 대체된 기존의 활이 장궁이 아니라 색슨 시대부터 쓰이던 전통적인 단궁이었다고 판단할 수 있다.

그러나 이 같은 사실에도 불구하고, 쇠뇌병은 리처드 왕과 존 왕(1166~1216) 시대에도 여전히 경장부대의 맨 앞에 배치되었다. 전자는 그들을 위한 전술 체계를 만들었는데, 여기서는 파비스Pavise[283]가 중요한 역할을 했다. 후자는 용병대의 많은 부분을 잉글랜드를 괴롭혔던 기마 쇠뇌병과 쇠뇌 보병으로 채우길 즐겼다. 존 왕과 힘겨루기를 하던 귀족들은 풀크 드 브레오떼Foulques de Bréauté[284]와 그의 동

---

283 쇠뇌병이나 궁병이 엄폐와 장전을 위해 쓰던 방패의 한 종류로 땅에 고정하여 방어하는 역할을 했다.◎

284 노르망디 지역 페이 드 코Pays de Caux 출신 군인으로 영국 왕의 오른팔로 활약했다.◎

료들이 이끄는 쇠뇌병에 맞설 만한 투척무기를 든 군대가 없어서 몹시 힘들어 하던 것으로 보인다. 심지어 장궁이 쓰이기 시작한 헨리 3세(1207~1271)의 치하에서조차 쇠뇌가 더 효과적인 무기라고 인식되고 있었다. 1242년 타유부르Taillebourg 전투에서는 쇠뇌를 든 7백 명의 군단이 잉글랜드 보병대의 꽃으로 간주되었다.

노르만보다는 웨일스에 가까운

장궁의 진짜 유래를 알아내는 것은 쉽지 않다. 장궁이 남웨일스인들로부터 전해졌다고 보는 가설에는 여러 가지 이유가 있다. 그들이 서기 1150년에 이미 장궁을 사용하고 있었기 때문이다.[285] 그러나 13세기 전반부에는 장궁이 잉글랜드의 서쪽보다는 북쪽 지역에서 훨씬 더크게 유행했다는 사실을 고려해 보면 그 이론은 석연치 않다. 장궁이 잉글랜드의 국가적 무기로 처음 받아들여진 것은 1252년에 공표된 무장칙령 시기로, 토지 소유금이 40실링이 넘거나 동산이 9마크[286]가 넘

---

285 기랄두스 캄브렌시스Giraldus Cambrensis(12세기 웨일스의 성직자 겸 역사가)의 『웨일스 여행기Itinerarium Cambriae』(1191) 3장에서는 웨일스 궁병의 화살이 손가락 네 개 두께의 오크나무로 된 문을 뚫을 정도였다고 전하고 있다. 그웬트 사람들(몬머스와 글래모건)은 최고의 궁수로 간주되었다. 반면 북웨일스 사람들은 궁병이 아니라 늘 창병이었다.

286 유럽 전역에 다양한 방식으로 쓰인 통화 단위로 중세 잉글랜드에서는 화폐 가치 환산용으로만 사용되었다. 1마크는 2/3 파운드 정도다.●

는 사람들은 장검, 단검, 그리고 활과 화살을 갖추도록 권장되었다.[287] 현대의 자료를 보면, 당시 영주들은 '왕이 웨일스를 정찰하러 갈 때' 1명 이상의 궁수를 제공하도록 강제하고 있다는 사실이 나타나 있다. 그러나 1281년까지도 쇠뇌에 대한 선호도는 여전해서, 이들의 급료가 궁병의 급료보다 현저하게 높았다는 사실은 흥미롭게 다가온다.[288]

에드워드 1세와 폴커크 전투

에드워드 1세(1239~1307) 때가 되어서야 비로소 장궁이 전면에 나오기 시작했다. 이 군주는 그의 손자와 증손자처럼 능력 있는 군인이었고 전쟁에서 새로운 방책을 떠올릴 수 있는 사람이었다. 그는 웨일스에서 오랫동안 군사 작전을 진행한 경험이 있기 때문에 궁병들을 과학적으로 이용하는 방법을 고안해낼 수 있었다. 이는 헤이스팅스 전투에서 노르망디공 기욤 2세가 사용한 방법과 매우 흡사했다. 이 방법이 처음 쓰인 자리는 오르윈 다리에서 웨일스공 르웰린Llewellin과 벌인 전투(1282)로 알려져 있고, 이후 워릭 백작이 1295년에 웨일스군

287　윌리엄 스텁스William Stubbs의 『영국헌정사 헌장 조문 및 삽화 선집Select Charters and Other Illustrations of English Constitutional History』(1874~1878) 374쪽.

288　1281년, 루들란 성을 지키는 수비대의 급료와 관련하여 '조프리 르 챔벌린에게 12명의 쇠뇌병과 13명의 장궁병의 24일치에 해당하는 급료 7파운드 8실링을 지급했다. 각 쇠뇌병은 일급 4페니, 궁병은 2페니를 받았다'라는 기록을 찾아볼 수 있다.

과 다시 전투를 벌일 때 이 방법을 모방했다.

"웨일스군은 워릭 백작의 접근에 대항해 매우 긴 장창을 든 창병
들을 맨 앞에 배치시키고 창의 머리를 하늘로 향하게 들게 했으
며, 워릭 백작의 군대를 향해 갑자기 몸을 돌려 잉글랜드의 기병
들을 향해 돌격하도록 명령했다. 그러나 워릭 백작은 그의 중장기
병들 사이에 궁병을 위치시킴으로써 이에 대항했고, 이들의 묵직
한 공격을 받은 웨일스의 창병들은 궤멸되고 말았다."[289]

그러나 궁병이 전투에서 처음으로 진정한 핵심 역할을 수행한 전투
는 궁병이 기병을 적절히 지원해 승리로 이끈 1298년 폴커크 전투였
다. 당시 활이 보여준 위력은 진정 충격적이었으며 잉글랜드 지휘관
들의 뇌리에 절대 잊을 수 없는 교훈을 남겼다. 당시 월리스 휘하의 저
지Lowlands 스코틀랜드군의 대부분은 스위스군처럼 매우 긴 파이크
를 든 창병이었다. 이들에게는 수백에 달하는 소규모 기병 부대와 어
느 정도 숫자의 궁병이 있었는데, 궁병은 대부분 에트릭Ettrick과 셀
커크Selkirk 지역 출신이었다. 월리스는 습지 뒤 유리한 위치에 병사
를 주둔시키고 창병을 네 개의 거대한 원형 대형(혹은 스코틀랜드인
들이 부르듯 '스킬트론Schiltrons')으로 세우고 어느 방향으로 적이 접
근해도 맞설 수 있도록 준비했다. 경장보병대가 종대들의 사이사이에
섰고, 기병은 예비병력으로 배치되었다. 에드워드 1세는 기병을 세 개

---

289 니콜라스 트리벳Nicholas Trivet 『Annales sex regum Angliae qui a
comitibus Andegavensibus originem traxerunt』(1668) 282쪽.

의 부대로 나누어 이끌며 접근했고, 궁병들이 각 부대들 사이에 배치되었다.

활과 파이크

잉글랜드군의 맨 앞에 있던 얼 마샬Earl Marshal[290]의 부대가 달려오다가 늪에 빠지면서 스코틀랜드군의 투척무기 세례에 곤욕을 치렀다. 더럼의 주교는 이를 목격하고, 자신이 이끄는 두 번째 부대를 몰고 습지의 측면을 둘러 들어가서 유리한 위치를 점한 월리스를 몰아내려 했다. 스코틀랜드군의 작은 기병 부대는 이 지점에서 물러나지 않으려 노력했으나 수적으로 완전히 열세여서 몰려나고 말았다.[291] 더럼 주교의 기병들이 뒤에서부터 치고 들어왔다. 월리스의 궁수들은 겨우 단궁만 장착한 채였고 그마저도 사용에 익숙지 않았기 때문에 주교의 기병대는 맞은편 경보병대를 효과적으로 몰아낼 수 있었다. 그러나 스코틀랜드군의 파이크병 쪽을 맡은 잉글랜드 병사들은 피투성이가 되어 무질서하게 뒤로 밀려났다. 이에 따라 주교는 보병대와 나머지 기병대를 이끄는 왕이 습지 끝에 도달할 때까지 대기해야 했다. 마침내 에드워드 1세가 도착해 궁병을 스코틀랜드군 가까이에 배치시

---

290 영국의 문장원紋章院 총재를 이르는 명칭이며 여기서는 문장원 총재를 세습하는 노포크 백작을 가리킨다.◎

291 사실 배신의 도움을 얻지 않았다고 해도–많은 역사가들이 이에 대해 그렇게 많이 언급했듯–수백 명에 달하는 병력을 수천 명에 달하는 병력으로 손쉽게 궤멸시킬 수 있다는 점은 명백하다.

컸고, 스코틀랜드 병사들은 (경보병대가 몰려났기 때문에) 지척에 있는 잉글랜드군을 어찌하지 못한 채 잉글랜드 궁병대를 향해 공격하거나 돌진하지 못했다. 왕은 스코틀랜드군 종대의 특정 지점에 화살 세례를 집중시켜 대열을 들쑤셔놓은 후 기병을 보내 공격에 박차를 가했다. 계획은 성공적이었고 덕분에 스코틀랜드군의 파이크 무리가 뚫리는 바람에 기병들이 사이로 파고들어가 스코틀랜드군을 학살했다. 이 전투에서 얻을 수 있는 교훈은 자명했다. 기병으로는 스코틀랜드군의 전술을 이길 수 없지만, 궁병이 기병을 적절히 지원하기만 하면 목표를 이룰 수 있다는 점이었다. 이에 따라, 폴커크 전투에서 벌어진 양상은 이후 두 세기 동안 잉글랜드와 스코틀랜드 군대가 만날 때마다 계속해서 되풀이되었다. 할리돈 힐Halidon Hill 전투(1333), 네빌스크로스Neville's Cross 전투(1346), 호밀돈Homildon 전투(1402), 플로든 Flodden 전투(1513) 모두가 이러한 전투 양상의 다양한 변주였다. 저지의 군대는 꾸준하지만 천천히 움직이며 상대 궁수들에게 용감하게 접근했음에도 불구하고 이런 시도는 잉글랜드군이 측면을 갑자기 포위하면서 수포로 돌아갔다. 잉글랜드의 궁병들은 아마 '12명의 스코틀랜드 병사 목숨을 벨트에 꿰었다'며 자랑을 늘어놓을지도 모르겠지만, 사실 다가오는 거대한 파이크병 집단을 향해 대충 활시위를 당기기만 하면 족족 활에 맞아 쓰러졌기 때문에 무척 쉬운 임무였다.

배넉번 전투(1314)

잉글랜드 보병대
잉글랜드 기병대
스코틀랜드 보병대
스코틀랜드 기병대

성 스털링
포스강
길리스 힐
세인트 나반스
무덤아
배넉번
습지
배넉번
A
B
에든버러에서
이어지는 길
폴커크에서 이어지는 길

A. 본대보다 훨씬 앞에 배치한 궁병 부대
B. 10개의 분대로 나눈 잉글랜드 본대
a. 4개의 종대로 나눈 스코틀랜드 보병대
b.b. 습지의 측면을 돌러 간 스코틀랜드 기병대

배넉번 전투가 가르쳐 준 것

배넉번 전투에서는 그 일반적인 규칙에서 벗어난 예외적인 모습을
보였다. 그러나 이는 폴커크 전투의 전술에서 일부러 탈피하고자 한
게 아니라, 그 전술을 능숙히 수행하지 못해 벌어진 결과였다. 로버
트 브루스Robert Bruce(1274~1329)[292]의 군대는 예전 윌리스의 그것

292 스코틀랜드의 왕이자 국민적 영웅으로 스코틀랜드가 에드워드 1세 치
하 시절부터 계속 스코틀랜드 독립 전쟁을 벌여 마침내 승리하고 로버트 1세
로서 스코틀랜드 왕위에 오른다.◎

과 비슷하게 구성되었다. 4만 명의 파이크병, 어느 정도의 경장보병, 그리고 1천 명이 채 안 되는 기병들. 이들의 오른쪽 측면에는 습지가, 왼쪽 측면에는 잉글랜드군의 기병 돌격을 막으려 파 놓은 수많은 구덩이가 있었고 이들은 그 사이에 조밀하게 붙어 섰다. 에드워드 2세(1284~1327)는 브루스의 군대를 공격하려는 시도조차 하지 않았고, 10만 명의 군사들이 4만 명 정도의 크기로 보이도록 조밀하게 모이게끔 해서 거의 움직이는 것조차 불가능하게 만들었다. 그러나 그의 가장 치명적인 실수는 모든 궁병들을 맨 앞줄에 세우고도 기병으로 엄호하지 않았다는 점이다. 잉글랜드 궁병들이 쏜 화살은 잉글랜드군의 기병들이 스코틀랜드군의 진영에 채 가닿기도 전에 모두 땅에 떨어져 박혔다. 브루스는 이때 기회를 잡았다. 그는 소규모 중장기병대를 보내 잉글랜드 궁병들을 치도록 했다. 이들을 향한 정면 공격은 당연히 불가능했지만, 궁병 부대의 측면을 지키고 있어야 할 기병 부대가 없었기 때문에 측면 돌격은 먹혀들었다. 늪의 가장자리를 둘러 신속하게 달려간 스코틀랜드 기병들은 무방비 상태였던 적의 후미 쪽으로 들어가며 예상치 못한 공격으로 적의 진영을 쑥대밭으로 만들었다. 잉글랜드 궁병들은 워낙 처참하게 당하는 바람에 이후 전투에서는 어떤 역할도 할 수 없었다. 에드워드 2세는 군대 맨 앞 열의 급작스러운 궤멸을 보며 격분했다. 그는 대규모 기병대를 상대적으로 덜 두터워 보이는 적군의 종대를 향해 보냈다. 스코틀랜드 종대들은 단단히 서서 잉글랜드 기병의 계속되는 공격을 손쉽게 밀어냈다. 마침내 기병의 공격이 난전으로 돌입하면서 자부심 넘치는 잉글랜드 기병들은 폭도로 변했다. 이들은 적군의 대열을 향해 먹히지도 않는 공격을 지속했고, 좁은 지형에서는 소용없다는 사실도 잊은 채 계속해서 돌격했다. 그러나 마침내 이들의 사기는 꺾였고, 브루스의 군대 뒤에 있던 언덕에서 비전투병들이 나타나자 스코틀랜드의 지원 병력이 도착했다는 소문까지 퍼졌다. 잉글랜드군은 이미 전의를 상실해버린 상태였기에 고삐를 돌려 후퇴하기 시작했다. 스코틀랜드군이 뒤를 쫓자 후퇴하던 기병들은 겁에 질려 무질서하게 도망치며 흩어졌다. 그 와중에 왼쪽 땅에 파놓은 구덩이에 빠지면서 낙마자가 속출했고 많은 수의 병사들이 죽거나 포로로 잡혔다. 후퇴하지 않고 남아서 싸우던 기병들도 비슷한 운명을 맞았다. 잉글랜드 국경을 향해 도망친 병력은 스코틀랜드 소작농들에게 잡히거나 도살당하지 않고 베릭Berwick이나 칼라일 Carlisle에 도달하게 되면 목숨을 건졌다는 사실에 안도해야 했다. 이 날의 교훈은 바로 궁병대의 측면은 적 기병의 공격을 막을 수 있도록 지키고 있어야 한다는 점이었다. 이 교훈은 잊혀지지 않았고 덕분에 크레시와 모페르튀Maupertuis에서 벌어진 전투에서 훌륭한 결과를 얻을 수 있었다.

프랑스의 기사도와 잉글랜드의 궁도

잉글랜드의 궁병들이 큰 역할을 할 다음 전투들에서 만난 적은 저지의 견고한 창병과 모든 면에서 달랐다. 바로 프랑스군이다. 당시 프랑스에는 기사도라는 미명 하에 기괴하고 변태적인 전쟁의 기술이 유럽의 그 어느 나라보다 팽배해 있었다. 발루아 왕조의 필리프 6세

(1293~1350)와 장 2세(1329~1364)가 이끄는 군대는 성급하고 규율이 잡히지 않은 귀족으로 구성되어 있었다. 그들은 자신들이 세계에서 가장 뛰어난 군대라고 생각했으나 실상은 무장한 폭도와 거의 다를 바가 없었다. 또한 봉건사회의 특징이 그대로 재현된 군사 시스템이 전쟁에서 가장 이상적인 조직이라고 믿었다. 그들은 사회적으로 보면 자신이 그 누구보다 우월하기 때문에 비슷한 군사적 역량을 지닌 어떤 군대와 맞서도 승리할 수 있다고 생각했다. 따라서 보병의 모든 기능을 무시했을 뿐만 아니라 전쟁터에서 상대 보병대를 보면 자신의 고결한 지위를 모욕하려는 의도로 데리고 나온 천한 것들로 간주했다. 이 프랑스적 자신만만함-쿠르트레 전투의 결과로 흔들렸던-은 피비린내 나는 몽상퓌엘과 카셀 전투의 결과로 더욱 견고해졌다. 이 두 전투에서 프랑스가 승리한 요인은 플랑드르 시민이 용감하기는 했어도 훈련이 제대로 되어 있지 않았던 탓이 크다. 그러나 필리프 6세는 이것을 천한 보병대가 감히 기독교 세계에서 가장 호전적인 기사들에게 덤볐기 때문에 벌어진 당연한 결과로 여겼다. 이 오만함은 꺾이질 않았고 덕분에 프랑스 귀족들은 세상에 과연 존재하긴 하는지 상상조차 못했던 훌륭한 보병대와 만나게 된다.

오만한 기사들, 그들의 용병들, 그리고 이들이 끌고 나온 반무장한 가련한 농부 집단이 잉글랜드의 궁수들과 맞붙었다. 이 시기 잉글랜드의 궁수들은 거의 능숙한 군인이 되어 있었고 억지로가 아니라 귀족이나 기사들을 따라 자원해서 전장에 나왔다. 이들은 투지와 모험심, 혹은 애국심에 고취되어 있었으며 억지로 끌려나온 프랑스 귀족들에 비해 사기가 월등히 높았다. 하지만 역사가들은 이러한 정신적인 면에 과도하게 집착하는 성향이 있다. 확실히 높은 사기가 승리를 쟁취하는 데 일조했음은 맞지만 14세기 잉글랜드가 거둔 승리는 단순히 병사들의 높은 사기 때문만은 아니다. 루즈베크 전투에서의 플랑드르군과 폴커크 전투에서의 스코틀랜드군 또한 사기 면에서는 잉글랜드군 못지않았으나 패배했다. 잉글랜드군은 물론 용맹했지만 크레시 전투 또는 푸아티에 전투에서의 승리는 요먼의 훌륭한 무장과 전술 덕이 더 크다.

잉글랜드군에서 장궁은 아직 공세적 전투에서만, 그리고 상대편 기병의 공격력이 자신들보다 열등하다고 판단될 때만 제한적으로 사용되고 있었다. 그러나 에드워드 3세(1312~1377)가 군사를 이끌고 프랑스로 들어갔을 때, 전쟁의 양상이 완전히 바뀌었다. 프랑스 기병이 수적으로 완전한 우위에 있었기 때문에 잉글랜드 궁병들은 방어적인 전술을 구사할 수밖에 없었다. 에드워드 3세는 곧 프랑스군의 기병 돌격을 자신의 보병대로 막을 수 있음을 깨달았다. 기병 부대 입장에서는 날아오는 화살만큼 혼란스럽게 만드는 게 없었다. 화살은 병사들을 낙마시킬 수 있을 뿐 아니라 화살에 맞은 말들이 고꾸라지고 멈춰서면서 무질서해지기 때문에 기병 돌격을 효과적으로 방해했다. 거리가 짧아져서 사격이 쉬워질수록 부상당하는 말과 병사들이 점점 더 많아졌다. 결국 기병들은 더욱 무질서해지며 돌격 속도가 느려졌고 기병 돌격은 한계에 다다르게 되었다. 이러한 상태에서 기병대가 상대 궁병을 치려는 시도는 완전히 수포로 돌아갈 수밖에 없었다. 그러나 대륙에서는 이러한 방식을 1346년이 되어서야 익힐 수 있었다.

크레시 전투

　궁병들이 측면에서 병력 지원을 받으며 기병 돌격을 막아내는 과학적인 방법은 크레시 전투(1346)에서 에드워드 3세에 의해 처음 시도되었다. 그는 싸우기로 결정하고 산길의 적당히 경사진 곳에 위치를 잡았는데, 전략적으로 유리한 자리였다. 측면에 위치한 숲과 작은 개울이 방어막이 되었고 개울은 진열의 맨 앞줄을 따라 흘렀다. 군대는 중세 시대 초부터 그랬던 대로 세 개의 부대로 나뉘어 대열을 이뤘다. 가장 앞의 부대는 웨일스공Prince of Wales이, 두 번째 부대는 노스햄프턴 백작Earl of Northampton이, 세 번째 부대는 왕 자신이 맡았다. 공격이 시작되면 대부분의 공격을 받을 각 8백 명의 말에서 내린 중장기병Dismounted Men-at-arms들 두 무리로 구성된 가장 앞 부대는 팔랑크스 대형으로 서서 장창을 들고 자신들의 양 측면에 있는 2천 명의 궁병을 향해 돌진해 올 적군을 막으려 준비하고 있었다. 두 번째 부대 또한 비슷한 대열로 서 있었고, 그 사이 공간에는 투창Javelin과 긴 검을 든 1천 명의 웨일스와 콘월의 경보병들이 배치되어 있었다. 예비대를 구성하는 2천 명의 궁병과 7백 명의 기병들은 언덕 위쪽을 차지하고 있었다.

　프랑스군이 얼마나 규율이 잡혀있지 않은 집단이었는지는 병사들의 성화에 못 이겨 사령관의 의도보다 전투를 하루 일찍 시작했다는 점에서 잘 알 수 있다. 필리프와 그의 사령관들은 동이 틀 무렵부터 행군을 지속하다가, 잉글랜드군의 위치를 확인하고는 다음날 아침까지 전투를 미루기로 했다. 그러나 이 명령이 선두 부대에 전달되었을 때,

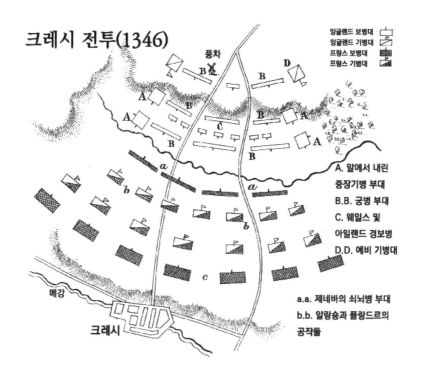

크레시 전투(1346)

A. 말에서 내린
중장기병 부대
B.B. 궁병 부대
C. 웨일스 및
아일랜드 경보병
D.D. 예비 기병대

a.a. 제네바의 쇠뇌병 부대
b.b. 알랑숑과 플랑드르의
공작들

가장 앞 종대에 있던 귀족들은 이 명령을 따를 경우 전투를 개시하는 영광을 빼앗길지도 모른다고 생각했다. 뒤를 돌아보니 아직도 앞으로 전진해 오고 있는 병사들이 보였다. 그래서 귀족들은 명령을 무시하고 계속해서 적진으로 걸어갔고, 본대도 그들을 고집스럽게 따랐다. 마침내 프랑스군은 잉글랜드군의 지척에 다가섰고 전투는 불가피하게 이뤄졌다. 그날의 상황은 이렇게 묘사되곤 한다.

'이들이 당한 끔찍한 불행에 대한 세세한 언급은 불필요할 것이다. 제노바의 쇠뇌병들은 화살을 끼워서 적에게 발사하는 복잡한 과정을 느리게 반복하다가 많은 수가 전사하였다. 적군 진열의 가장 앞쪽에 있는 궁병을 향한 기병 돌격이 성과 없이 반복되었고 그 과정에서 많은 기병들이 학살당했다. 땅에는 죽은 병사와 말의 시체가 가득해서 더 이상 앞으로 전진하는 게 불가능했다. 그나마 측면의 병사들을 몰아내는 데 성공하는가 했더니, 플랑드르와 알랑송Alençon의 공작들이 하마下馬 기병들을 몰고 와 양 측면의 궁병을 감싸 보호하는 바람에 측면으로의 접근도 불가능해졌다. 이들은 잉글랜드군의 뚫을 수 없는 랜스 앞에 무릎 꿇었다. 중앙에 있던 병사들의 상황도 더 낫지는 않았다. 저녁 무렵, 프랑스군은 무질서하게 뒤로 물러났고 군대 전체가 흩어져 버렸다. 잉글랜드군은 자신의 자리에서 거의 한 발자국도 움직이지 않고 승리를 거뒀다. 적군이 제 발로 와서 학살당한 것이다. 프랑스군의 1/3이 잉글랜드군의 진열 앞에서 전사했고, 그보다 훨씬 더 많은 수가 궁병의 화살에 맞아 쓰러졌다.'

푸아티에 전투

크레시 전투는 궁병이 측면에서 지원만 잘 받으면 가장 강력한 기병 돌격도 물리칠 수 있다는 사실이 증명된 자리였다. 그러나 이 전투는 프랑스군에게는 사뭇 다른 교훈을 안겼다. 계급적인 우월감에 치명적인 상처를 입은 프랑스군은 이날 잉글랜드군의 승리를 그 무식한 것들의 무기 덕분이 아니라, 말에서 내린 중장기병들이 형성한 견고한 팔랑크스 덕분이라고 결론지었다.

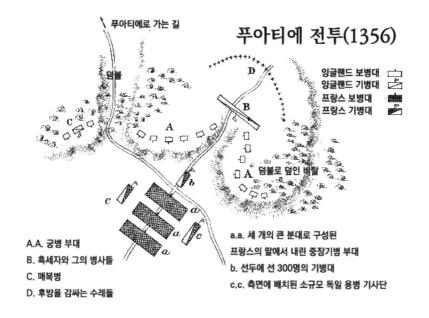

푸아티에 전투(1356)

푸아티에로 가는 길

덤불

D

B

A

C

잉글랜드 보병대
잉글랜드 기병대
프랑스 보병대
프랑스 기병대

A 덤불로 덮인 비탈

b

c

a

A.A. 궁병 부대
B. 흑세자와 그의 병사들
C. 매복병
D. 후방을 감싸는 수레들

a.a. 세 개의 큰 분대로 구성된
프랑스의 말에서 내린 중장기병 부대
b. 선두에 선 300명의 기병대
c.c. 측면에 배치된 소규모 독일 용병 기사단

이를 염두에 둔 장 2세(1319~1364)는 푸아티에 전투(1356)에서 에드워드 3세의 훌륭한 작전을 따라 하기로 결심했다. 그는 두 개 부대를 제외한 모든 기병들로 하여금 창을 짧게 쥐고 박차를 벗게 한 후 그들의 말을 뒤쪽으로 물러나 있게 했다. 그는 당시 공격과 수비에 있어서 크레시 전투와 상황이 완전히 다름을 인지하지 못했다. 크레시 전투에서 에드워드 군대의 측면을 보호하는 데에 매우 탁월했던 전술은 모페르튀Maupertuis 언덕으로 뛰어올라가야 하는 프랑스군에게는 터무니없는 것이었다. 그는 이때 대열의 안정성이 아니라 상대에게 육중한 충격을 가하기를 목표로 해야 했다. 이날 장 2세의 전투 지휘는 엉망인 수준을 넘어서 치명적일 정도였다. 이날은 사실 전투를 할 필요가 없었다. 흑세자가 처한 상황에서라면 일주일을 채 못 버티고 굶주림에 지쳐 항복할 터였다. 그러나 설혹 전투를 벌인다 해도, 전체 프랑스군을 거대한 쐐기 대형으로 세워–각 부대끼리 무질서하고 조밀하게 붙어 있는 상태로–잉글랜드군의 가장 강력한 정면을 향해 돌격하는 것은 미치지 않고서야 할 수 없는 짓이었다. 그러나 프랑스 왕은 진심으로 이 방식을 고수하고자 했다. 모페르튀 고원으로 가는 단 하나의 길의 사면에는 수백 명에 달하는 잉글랜드군 궁병대가 포진해 있었다. 장 2세는 3백 명의 정예 기병대를 선두로 두고 공격을 개시했고, 그 뒤에는 세 개의 큰 무리로 구성된 하마 기병들이 가까이 붙어서 따라왔다. 말할 필요도 없이, 궁병들은 선두에 있던 대부분의 기사들을 쏘아 떨어뜨렸고, 살아남은 기사들은 바로 뒤에 있던 첫 번째 부대 쪽으로 달아났다. 이로 인해 프랑스군의 대열이 흐트러졌는데, 궁병들이 이때를 틈타 일반 사병들에게 화살 세례를 집중시키면서 혼란은 더욱 가중되었다. 이윽고 백병전이 벌어지기 전, 프랑스군은 화살 세례에 전의를 상실하기 시작했다. 흑세자는 이 기회를 놓치지 않고 고원에서 내려와 정신없이 당하고 있는 프랑스군 종대 앞에 자신의 모든 병력을 세웠다. 동시에 그가 좌측 숲에 숨겨놓았던 6백 명으로 이루어진 소규모 매복 부대가 프랑스군의 측면에 나타났다. 이 숫자는 장 2세의 군대가 감당하기에 버거웠다. 추가로 공격이 들어오기도 전에 프랑스군의 2/3에 달하는 병사들이 전장에서 도망쳤다. 오직 두 번째 부대에 있던 독일인 부대[293]와 왕을 호위하던 병력만이 훌륭한 전투력

---

293 신성로마 제국 황제이자 보헤미아 왕 카를 4세(1316~1378)의 부대.●

을 보여주었다. 그러나 잉글랜드군은 이들마저 둘러싸고 화살과 랜스 공격을 번갈아가면서 대열을 손쉽게 무너뜨렸다. 장 2세와 그의 아들 필리프, 그리고 그들 곁에 남아 있던 귀족들은 항복할 수밖에 없었다.

뒤 게클랭의 활약과 잉글랜드의 실패

흑세자에게는 명예를 안겨준 성공적 전투였다. 그는 자신이 선택한 장소의 이점을 적절히 이용하고 궁병대를 현명하게 지휘함으로써 전략적인 승리를 이끌어냈다. 장 2세가 잉글랜드군을 공략하기 위해 새롭게 도입한 방법은 실패했으며, 크레시 전투에서 자신의 전임자들이 봉건 기사들을 끌고 나가 완패당한 것보다 훨씬 더 수치스러운 결과를 맞았다. 푸아티에 전투가 너무나 충격적이었던 나머지 프랑스군은 이후 전쟁에서는 침략자와의 총력전(혹은 회전會戰)을 피하게 되었다. 프랑스 귀족들은 자신들이 고수하던 오래된 군사 체계가 처절하게 무너지는 장면을 목격한 후 더 이상 전장에서 전투를 벌이지 않겠다고 다짐했다. 그들은 성문을 잠그고 폐쇄적으로 머물렀으며 군사 작전이 필요하면 단순 포위전이나 급습 정도로만 공격 방식을 한정했다. 잉글랜드군은 프랑스 영토에 들어와서 종횡으로 휘젓고 다녔으나―랭커스터 백작Earl of Lancaster이 1373년에 그랬던 것처럼[294]―프

294 랭커스터 가문을 세운 곤트의 존(1340~1399)은 1373년에 아키텐을 탈환한다는 목적으로 9천여 명의 병사들과 칼레에 상륙하여 보르도까지 이르는 900킬로미터의 거리를 4개월 동안 횡단한다. 그러나 그 과정에서 매복과 기습을 주로 사용하는 전술로 전환된 프랑스군에게 많은 병력을 잃는다.◎

랑스군을 전투로 이끌어내지 못했다. 성 안에만 머무르는 이들을 공격하는 것은 그리 용이하지 않았기 때문에 잉글랜드군은 황폐화된 프랑스 영토를 별다른 소득 없이 계속 돌아다니는 피곤한 일을 지속할 수밖에 없었다. 이와 같은 전쟁의 양상은 기사도 정신-상대가 도전해 오면 으레 맞서야 하는-과는 판이하게 달랐는데, 사실 이 시대의 긴급하게 돌아가는 상황들에 잘 들어맞는 방식이었다. 이러한 샤를 5세(1338~1380)와 뒤 게클랭Bertrand du Guesclin의 전술은 장 2세가 빼앗겼던 모든 것을 되찾게 만들었다. 잉글랜드는 이제 전쟁이 군대의 화려한 무공을 자랑하는 일이 아니라 병사와 비용이 계속해서 소모되는 지루하고 수치스러운 점령이 주가 되는 상황으로 흘러가는 현실을 깨닫게 됐다.

뒤 게클랭이 구사하는 전술은 기사들끼리 토너먼트를 하던 관습이 아닌, 상식에 기반하고 있었다. 그는 전장에 나서면 전투를 모험으로서가 아닌 비즈니스적인 자세로 임했다. 그는 잉글랜드군을 교묘한 방식으로 프랑스 밖으로 몰아냈는데, 전투 과정에서 화려한 업적이 드러나는 방식이든 별로 눈에 띄지 않는 지루한 방식이든 전혀 개의치 않았다. 필요하다면 전력을 다해 싸웠지만 그 전에 필요한 모든 방법을 이용해 전황을 유리하게 만드는 일도 잊지 않았다. 야간 급습, 매복, 책략 등 모든 방식을 가리지 않고 이용했으며 오픈 공격Open attacks[295]을 선호했다. 그는 자신의 용병부대[296]에서 지속적으로 병사

---

295 게클랭이 게릴라 전술을 통해 잉글랜드군이 통제하기 어려운 소규모 전장들을 만들어냈음을 의미한다.◎

296 프랑스어로는 Grandes Compagnies. 휴전 기간에도 개전을 기다리며

들을 공급받았기 때문에 자신의 군대가 할 일을 하지 않고 언제든 흩어져 버릴지도 모른다는 걱정이 없었다. 이로 인해 그는 군사 작전을 서둘러 시행해야 한다는 부담을 덜었다. 그래서 당대 봉건제 군역에 따라 소집된 군대를 지휘하던 장군들에게 뒤 게클랭은 치명적인 적이었다.[297] 잉글랜드군은 연속적으로 일어나는 국지전보다는 규모가 큰 전투에 더 특화되어 있었다. 전략보다는 전술이 잉글랜드군의 강점이었는데도 불구하고, 소규모 포위 작전과 불명예스러운 퇴각 들이 이어지면서 이들은 영국해협 너머 나라를 공격하려는 잘못된 시도에 종지부를 찍게 되었다.

그러나 뒤 게클랭은 결과적으로 프랑스 귀족들이 다시 전장으로 나오는 길을 닦아준 꼴이 되었다. 다수의 용병단들이 영토를 누비고 다니는 동안 귀족들은 자신의 성 안에서 성문을 굳게 잠그고 '아무것도 잊지 않고, 아무것도 기억하지 못했다.'[298] 하지만 일단 잉글랜드군이 눈앞에서 사라지자 다시금 케케묵은 기사도가 고개를 들었다. 14세기의 막바지 양상은 초반의 그것과 비슷했다. 카셀 전투의 승리가 루즈베크 전투에서 그대로 재현되었고 이는 봉건 기사제의 전술적 전통이 부활하는 계기가 되었다. 결과적으로 니코폴리스 전투는 쿠르트레 전

프랑스 전역에 머무르던 용병부대 풀.●

297 봉건제에서 종신이 주군에게 행하는 군역기간은 일정 기간으로 정해져 있었는데 뒤 게클랭은 언제나 수시로 용병대를 소집할 수 있어서 소집기간에 작전을 서두를 필요가 없었고 이는 봉건제 군역을 따르고 있었던 적군에게는 불리했다.●

298 1810년대에 그들의 후손이 보였던 것과 같은 특징이다(나폴레옹 1세 (1769~1821)의 치세 말기를 가리킨다).

투보다도 더 재앙적인 결과를 맞았다. 멍청한 왕[299]이 다스린 30여 년의 무정부주의적인 시간 동안 비과학적인 전투 방식이 다시금 고개를 들었고 프랑스는 잉글랜드군의 새로운 침략에 아주 딱 맞는 먹잇감이 되고 말았다.

아쟁쿠르 전투

만약 헨리 5세(1386~1422)가 그 후의 군사 작전에서 훌륭한 전략가로서의 면모를 보여주지 않았다면 우리는 그가 행한 아쟁쿠르로의 행진을 섣부르고 어리석은 짓이라고 단정 지었을지 모른다. 그러나 그는 연락망의 단절을 무릅쓰며 피카르디Picardie로 출정하기 전, 이미 상대편이 역량이 낮고 아둔함을 알고 있었던 게 분명하다. 10월 6일과 24일 사이[300] 그의 군대는 신속하게 움직임으로써 그가 시간을 철저히 아꼈다는 점을 보여준다. 이는 사실 그 전까지 중세 시대의 사령관들에게서 찾아보기 힘든 면모였다. 또한 군대가 종대별로 완벽한 대형을 갖추고 행군했다는 사실에서 작은 디테일까지 놓치지 않는 그

---

299 샤를 6세(1368~1422)를 가리킨다. 그의 재위 기간은 1368년부터지만 그때는 그의 나이가 12세였으며, 제대로 된 친정에 나선 것은 1388년부터로 여겨지므로 저자가 이어서 말하는 30년이라는 치세 시간에 얼추 맞는다. 그는 심각한 정신병으로 제대로 통치를 못하던 중 백년전쟁의 재개와 패배로 왕국의 북부 지역을 잉글랜드에 넘겨줬다.◎

300 320마일을 18일 동안 행군한 이 기록은 당시 한번에 이뤄진 모든 행군 기록을 능가한다.

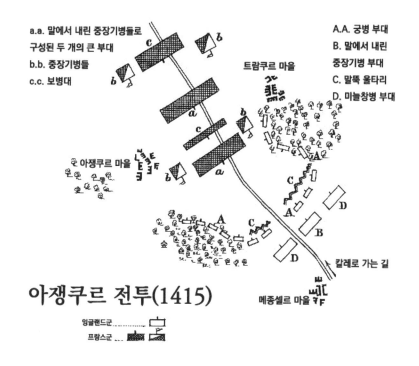

a.a. 말에서 내린 중장기병들로
구성된 두 개의 큰 부대
b.b. 중장기병들
c.c. 보병대

A.A. 궁병 부대
B. 말에서 내린
중장기병 부대
C. 말뚝 울타리
D. 마늘창병 부대

트람쿠르 마을

아쟁쿠르 마을

칼레로 가는 길

메종셀르 마을

아쟁쿠르 전투(1415)

잉글랜드군
프랑스군

의 천재성을 엿볼 수 있다.[301] 생 폴St. Pol 근처에서 프랑스군은 1만5천 명에 달하는 귀족 출신 기사를 포함해 6만 명에 달하는 봉건 군대를 이끌고 헨리 5세의 진군을 막았다. 크레시와 모페르튀에서 두 에드워드 왕이 그랬던 것처럼 헨리 5세는 자신의 군대가 수적으로 완전히 불리함에도 불구하고 전력을 다해 싸우기로 결심했다. 그의 군대

---

301 비올레드뒤Viollet-le-Duc의 『중세 프랑스군의 전술Tactique des Armées Françaises au Moyen Age』(1870)에서 헨리 5세 종대의 행로 부분 참고.

는 고작 1만4천 명 정도였고, 3분의 2 이상이 궁병으로 이루어져 있었다. 이때 헨리가 전투 위치로 선정한 장소는 더없이 훌륭했다. 군대 정면에 펼쳐진 땅의 넓이는 1,200제곱야드[302] 정도밖에 되지 않았고 양 옆은 숲으로 이루어져 있었다. 적군이 접근하게 될 땅은 곳곳이 파여 있었고 비로 인해 흠뻑 젖어 있었다. 궁수들은 많았기 때문에 맨 앞부분 두 줄에 줄지어 세워 놓았을 뿐 아니라 양 옆의 숲속에도 배치시킬 수 있었다. 앞쪽에는 늘 지니고 다니는 말뚝을 심어놓아서 방어적 이점을 더했다. 앞에 길게 세워둔 궁병들 뒤에는 나머지 병력을 배치시켰다. 양 옆에는 빌Bill[303]과 파이크를 든 보병대가, 중앙에는 소규모의 중장기병대가 위치했다.

프랑스군의 총사령관은 전열을 세울 때 많은 잘못을 저질렀는데 이는 보통의 봉건 귀족이 저지름직한 실수들이었다. 그는 장 2세가 푸아티에 전투에서 구사한 전술을 너무나 따라하고 싶었던 나머지 4분의 3에 달하는 기사들을 말에서 내리게 했다. 이들을 두 개의 두터운 부대로 나누고 옆에는 작은 기병대를 배치했다. 첫 번째 열 뒤에는 4천 명의 쇠뇌병이 배치되었는데 그들은 이 위치에서 전혀 쓸모가 없었다. 예비 병력은 2만 명에 달하는 보병대로, 승리를 거두었을 경우 지위 높은 귀족들과 승리의 공을 놓고 다투게 되면 안 되니까 후위로 빼놓았다. 11시가 되자 프랑스군이 잉글랜드군 쪽으로 다가오기 시작했다. 아쟁쿠르 마을을 지나면서, 프랑스군은 자신들이 숲 사이의 쟁기로 갈아놓은 땅 위에 서 있음을 깨달았다. 몇 백 야드에 달하는 땅을

---

302 약 1,003제곱미터.◎

303 미늘창과 유사한 잉글랜드의 무기인 브라운빌의 약칭.◎

지나면서 이들은 깊은 진흙에 빠지는 바람에 말에 탄 기병이든 내린 기병이든 모두 움직임이 계속해서 느려졌다. 이때 잉글랜드의 궁수들이 이들 머리 위로 화살을 퍼부었다. 처음에는 정면에서, 그 다음에는 양 측면의 숲속에서 화살이 날아왔다. 프랑스군은 벗어나려고 발버둥쳤지만 얕게는 발목까지, 깊게는 무릎까지 빠지는 질척한 땅에서 빠져나오기는 힘들었다. 기병 열 명 중 한 명도 잉글랜드군이 앞에 박아놓은 말뚝까지 도달하지 못했다. 보병도 마찬가지였다. 푹 빠져서 옴짝달싹 못했기에 50에서 100야드[304] 떨어져 있는 잉글랜드 궁수들의 쉬운 표적이 되었다. 얼마 지나지 않아 이들은 몸을 뒤로 돌려 달아나기 시작했다. 그러자 잉글랜드 궁수들과 중장기병들 모두가 프랑스군에게 돌격했다. 진창에 빠져서 완전히 무력했던 기사들은 땅에 쓰러지거나 잉글랜드 보병에게 둘러싸여 마치 '대장장이가 망치로 쇠를 때리듯이 중장 갑옷에 가하는 육중한 공격'에 못 이기고 항복했다. 겨우 도망친 몇몇 기사들과 첫 번째 진열의 뒤쪽에 있었던 쇠뇌병들은 전투를 준비하고 있던 두 번째 부대 쪽으로 달아나느라 대열 전체가 혼란에 빠졌다. 잉글랜드군은 이들의 후미를 쫓아와서 두 번째 부대를 무찔렀다. 보병으로 구성된 예비 병력은 매우 현명하게도 자신들의 지휘관들이 당하든 말든 관여하지 않기로 결정하고, 전장을 조용히 빠져나갔다.

그 어떤 지휘관도 프랑스군 총사령관만큼 많은 실수를 저지르지 않았을 것이다. 그의 가장 큰 잘못은 매우 유리한 위치를 점하고 있던 잉글랜드군을 공격한 것이다. 땅이 그렇게 질척거리지 않고 단단히 군

---

304 약 46미터에서 91미터 가량.◎

어 있었다 해도 장궁의 위력이 강력해서 프랑스군이 쉽게 제압할 수는 없었다. 사실 잉글랜드군이 있던 자리는 푸아티에처럼 근처에서 식량을 얻기가 힘든 위치였기 때문에 프랑스군은 단순히 기다리기만 하면 잉글랜드의 왕은 오래 지나지 않아 항복할 수밖에 없었다. 백번 양보해 잉글랜드군과 전투를 벌인다고 해도 기사들은 정면 돌격이 아니라 숲을 돌아 공격해야 했고, 그 전에 1만5천 명에 달하는 쇠뇌병과 궁병의 공격이 선행되었어야만 했다.

프랑스 전쟁 1415~1453

사실 아쟁쿠르에서 이렇게 당했으면 프랑스군도 정신을 차리고 그렇게 집착하던 봉건 전술에서 빠져 나와야 했다. 그러나 봉건 기사를 중심으로 한 대열 구성은 당시 봉건사회와 너무나 긴밀히 연결되어 있었기 때문에 전투에서 그 관습을 쉽게 버리지 못했다. 크르방Crevant 전투(1423), 베르뇌유Verneuil 전투(1424), 그리고 헤링의 날(1429)에 이르기까지 그들이 당한 세 번의 패배는 바로 옛 전투 방식에 대한 광적인 집착이 낳은 결과였다. 이 세 전투에서 프랑스군은 어떨 때는 기병으로, 어떨 때는 말에서 내린 중장기병으로 종대를 구성해 잉글랜드의 궁수들을 향해 정면에서 돌진했으며 번번이 궤멸되었다.

프랑스군의 이러한 정신 나간 전투 양상은 생트라유Xaintrailles, 라이르La Hire 같은 전문성을 갖춘 군인이 나타난 후에야 사라지게 되었다. 그러나 전투 방식을 바꿨다고 해도 프랑스의 사정이 곧바로 좋아

지지는 않았다. 당시 프랑스는 뒤 게클랭 이후 가장 힘든 나날을 보내고 있었다. 잉글랜드에게 점령당한 루아르 북쪽 지방의 대부분은 자신들의 운명을 체념하며 받아들였기에 프랑스군을 지원하려 하지 않았다. 흑세자로부터 아키텐을 되찾아온 전투로도 1428년의 프랑스를 위기에서 구해낼 수 없었다.[305] 바로 이 지점이 우리가 잔 다르크 (1412?~1431)가 끼친 영향의 중요성에 주목해야 하는 까닭이다. 그녀의 공적은 새로운 전술적인 시스템의 도입이 아니라 민중의 열망을 일깨워 잉글랜드가 더 이상 프랑스 영토에 발붙이지 못 하게 했음에 있다. 작은 국가가 큰 국가를 점령하는 데 성공했다고 해도 점령당한 국가의 국민이 나태하고 게으르지 않으면 장악하기가 어렵다. 만약 점령당한 큰 나라의 국민이 나태함을 털고 일어난다면ー상대방의 군사력이 더 우월하다 하더라도ー점령은 불가능해진다.

비록 프랑스 영토에서의 잉글랜드군 축출은 군사 전략보다는 정치적인 이유가 더 크게 보이지만, 15세기의 프랑스군 지휘관들이 마침내 잉글랜드군의 주도권을 최소화하는 방법을 찾아냈다는 사실 또한 잊어서는 안 된다. 이제 프랑스군은 침입자들이 방어에 유리한 위치에 주둔하고 있으면 먼저 공격하지 않았다. 성공 가능성이 희박한데 괜히 접근했다가 군이 화살 세례를 맞을 필요가 없음을 깨달은 것이다. 이에 따라 1425년부터 1450년 사이의 25년 동안 프랑스가 거둔

305 아키텐은 여공작 알리에노르(1122~1204)가 잉글랜드의 헨리 2세와 재혼하면서 잉글랜드 국왕이 점유하게 되었다. 하지만 이 프랑스 서부 지역 영지들과 관련하여 헨리 2세는 프랑스 왕의 봉신이라는 지위를 갖게 되었으며 이러한 지위는 이후 영국 왕가에 계속 이어진다. 백년전쟁 초기에 흑세자가 아키텐을 거점으로 삼아 프랑스 남부를 공략할 수 있었던 이유다.◎

승리들은 대부분 잉글랜드군이 행군하고 있는 동안 공격하거나 그들이 전열을 신속히 가다듬기 불가능한 지점에서 급습하는 방식으로 이루어졌다. 파테Patay 전투(1429)는 이를 잘 보여주는 예다. 프랑스군이 공격을 들어왔을 때 탈보트John Talbot[306]는 신속히 전투 준비를 갖추지 못해서 패배했다. 그는 전체 프랑스군이 완전히 전열을 갖춘 후에 전장에 들어와 전투를 시작하리라 생각하여 바로 앞에 속속 등장하는 프랑스군 선봉대를 크게 신경 쓰지 않았기에, 원래 전투를 벌이려고 했던 파테 마을로 부대를 돌려 이동하기 시작했다. 그러나 라 이르는 본진이 오기까지 기다리지 않고 이동하는 잉글랜드 종대를 바로 공격했으며 '궁수들이 말뚝을 고정시킬 시간을 주지 않고' 몰아붙였다.[307] 활이 창보다 우위에 서는 경우는 오직 둘 사이에 어느 정도 거리를 두고 공격할 수 있을 때뿐이다. 이때 기병 돌격이 성공하면 백병전이 뒤따랐고, 그렇게 될 경우에는 순전히 병력의 숫자와 힘이 승리를 결정짓는다. 바로 파테 전투가 그런 경우였다. 라 이르는 잉글랜드군에게 가까이 가는 데 성공했으며 전투를 백병전으로 몰고 갔다. 뒤이어 프랑스군의 본진이 도착하자 잉글랜드군은 병력 면에서 전적으로 밀렸다. 15세기 잉글랜드군의 패퇴는 거의 이런 방식으로 이루어졌다. 군사적인 관점에서 보면 온전히 방어에 치중하는 잉글랜드의 부적절한 군사 시스템이 이제 변종적 군사 작전들과 맞닥뜨리게 되면서

---

306 후기 백년전쟁의 잉글랜드군을 대표하는 사령관으로 파테 전투의 패배로 잔 다르크에게 사로잡혀 포로가 된다. 보석금을 내고 풀려난 후에도 백년전쟁이 끝날 때까지 잉글랜드군 사령관으로서 활약했다.◎

307 비올레드뒥의 『중세 프랑스군의 전술』 300쪽 참고.

헨리 5세가 프랑스에 세운 제국은 몰락하기 시작했다. 아쟁쿠르와 푸아티에 전투 작전을 물려받은 잉글랜드의 지휘관들은 공세적인 전투 방식을 그리 좋아하지 않았다. 그들은 신중하게 고른 장소에서 미리 세심하게 준비해놓고 적군의 공격을 받아내는 방식으로 승리하는 데 익숙해져 있었다. 덕분에 적군이 선제공격을 삼가고 예상치 못한 순간에 나타나면 감당하지를 못했다. 따라서 개활지에 나와 있거나 행군하던 중, 또는 막사나 마을에서 휴식을 취할 때 적군이 급습하면 속수무책으로 당하곤 했다. 잉글랜드 병사들은 훌륭한 군인들이었기 때문에 사기가 저하되지는 않았지만 케케묵은 봉건적 전술을 구사하던 시절의 프랑스군을 향해 느끼던 자신만만함은 잃고 말았다.

포르미니 전투

로베르 블롱델Robert Blondel[308]은 자신이 저술한 『노르망디 수복 Reductio Normanniae』에서 재앙과도 같은 포르미니Formigny 전투 (1450), 즉 잉글랜드가 영국해협 밖에서 지배권을 지키려는 시도로 이루어진 마지막에서 두 번째 전투에 대해 자세히 다루고 있다. 이 전투는 대단히 교훈적인데, 백년전쟁 마지막 시기에 국가의 운명이 어떻게 바뀌었는지 잘 보여주기 때문이다. 전투 자체—결국 노르망디의 운명을 바꾼 결정적인 전투이기는 했지만—는 사실 아주 작은 규모

308 노르망디 출신 프랑스 역사가이자 시인으로 백년전쟁을 겪었으며 그를 바탕으로 여러 역사서를 집필했다.◎

로 시작됐다. 5천 명쯤 되는 잉글랜드군이 캉Caen으로 가는 길을 트기 위한 절박한 작전에 투입되었다. 병력의 반은 궁수, 나머지 병력의 대부분은 미늘창병Bilmen으로 구성되었고 중장기병 몇 백 명이 포함되어 있었다. 프랑스에 주둔하는 잉글랜드군 총사령관인 서머싯 공작 Duke of Somerset은 샤를 7세(1403~1461)가 이끄는 압도적인 병력에 위기를 느끼던 차였다. 그래서 평원에서 벌어질 전투를 위해 노르망디 요새에서 수비대를 모조리 차출하였다. 그리고 잉글랜드 본토에서는 약 2천 명의 지원 병력이 건너옴으로써 그와 같은 병력을 채울 수 있었다. 그들은 발로뉴Valognes를 점령했고 두브Douve 강과 비르Vire 강을 건넜지만 포르미니 마을에서 클레르몽Clermont 백작이 이끄는 프랑스군과 충돌하게 된다. 클레르몽의 부대는 잉글랜드군의 행군을 막기 위해 출동한 여러 부대들 중 하나였다.

  클레르몽의 병력이 적군보다 크게 낮지는 않았다. 이견이 조금 있기는 하지만, 프랑스군은 약 6백여 '창으로 무장한 자들Lances Garnis'(즉 3천 명의 기병), 그리고 3천 명의 보병으로 구성되었다고 추측된다. 선제공격은 캉으로 군사를 몰고 가야 하는 잉글랜드군에게 달려 있었다. 그러나 잉글랜드군은 토마스 키리엘 경Sir Thomas Kyriel과 매튜 구흐 경Matthew Gough이 이끌었지만 이 베테랑들조차 선제공격을 꺼렸다. 이들은 지금까지 늘 그러했듯 방어적인 전투를 너무나 맹신한 나머지 자신들의 원정 목적을 잊고 뒤로 물러나면서 클레르몽의 공격을 가장 효과적으로 받아낼 수 있는 곳을 찾기 시작했다. 이윽고 과수원과 농장, 그리고 그를 따라 흐르는 개울이 있는 장소를 찾아냈다. 이곳에서는 후미를 보호할 수 있을 터였다. 잉글랜드군은 그 앞에 서서 가운데가 볼록 튀어나오도록 전열을 배치하고 양익의 병사들은 뒤로 빼서 개천에 가까이 서게 했다. 궁수로 이루어진 세 개의 궁병대-한 부대는 약 7백 명으로 구성되었다-가 본대를 구성했고, 측면에는 두 개의 미늘창병 부대가 배치되었는데, 이들은 중심 전열과 같은 선상이 아니라 뒤로 빠져 있었다. 이들의 측면에는 기병으로 이루어진 작은 소대가 개천과 과수원을 바로 뒤에 두고 위치했다. 클레르몽은 곧바로 공격에 들어가지 않고 잉글랜드의 궁수들이 늘상 하던 절차대로 말뚝을 설치하고 참호 뒤에 숨자,[309] 그제서야 공격을 시작했다. 프랑스군은 여러 차례의 경험으로 잉글랜드군의 궁병대를 앞에서 치는 게 위험하다는 사실을 알았다. 그래서 이들은 측면을 산발적으로 몇 번 공격했으나 번번이 격퇴당했다. 소규모 접전이 세 시간 동안 이어지던 중, 포병대 사령관Maître de L'artillerie 지로Giraud가 쿨뢰브린포Couleuvrine[310] 두 문을 잉글랜드군의 전열을 향해 배치시켰다. 포탄을 맞아 분개한 잉글랜드군의 궁수들 일부가 말뚝 앞으로 쏟아져 나오면서 한쪽 날개에 있던 미늘창병들의 지원을 받아 프랑스군을 공격하여 두 대의 대포를 빼앗고 이를 지키던 병력을 무찔렀다. 이때 만약 키리엘의 전체 병력이 계속 앞으로 나오며 싸웠다면 전투에서 이길 수

---

309 "그들은 참호를 이용하여 검을 돌렸다. 다음으로 돼지기름을 부어 땅을 움푹하게 팠다. 그리고 그들은 그 앞 들판에 말들이 접근하지 못하도록 하는 놀라운 계책을 시행했다Gladio ad usum fossarum verso, et ungue verrente tellurem concavant: et ante se campum equis inadibilem mira hostium astucia efficiebat." 블롱델, iv. 6.

310 15~17세기 유럽에서 사용된 야전 대포로 다른 종류의 대포들에 비해 사정거리를 높이기 위한 가늘고 긴 포신이 특징이다.◎

있었을지도 모른다.[311] 그러나 잉글랜드 사령관은 융통성 없이 방어적인 전술을 고집했으며 그가 아무것도 하지 않고 기다리는 동안 전투의 운명은 바뀌었다. 프랑스군 측면에 있던 하마 기병 부대가 빼앗긴 대포를 되찾기 위해서 전진하면서 잉글랜드 병사들을 공격했다. 두 개의 대포를 사이에 두고 잉글랜드군은 이를 빼앗으려, 프랑스군은 이를 되찾으려 필사적으로 싸웠다. 결국 프랑스군이 우세를 점하면서 잉글랜드군 쪽으로 전진하며 압박했다. 적군과 아군이 뒤엉켜 몰려왔기 때문에 궁수들은 활을 쏠 수가 없었다. 양쪽 군대는 완전히 밀착되어 백병전을 벌였고, 피비린내 나는 난전으로 이어졌다. 그러나 아직까지도 어느 쪽의 승리로 끝날지 확실치 않았다. 이때 프랑스의 지원군이 전장에 도착했다. 생로St. Lo에서부터 온 리슈몽Richemont과 라발Laval 백작이 1천2백 명의 중장기병을 데리고 잉글랜드군 후미에서 나타난 것이다. 키리엘의 모든 병사들이 싸움에 동원되었지만 새로 투입된 기병들의 공격을 막아내기란 불가능했다. 잉글랜드군은 뒤에 있던 개천으로 물러나면서 몇 개의 그룹으로 쪼개졌다. 구흐 경은 기병들을 데리고 프랑스 진영을 뚫고 바이외로 도망쳤다. 그러나 키리엘과 보병들은 포위되었고 본대는 전멸했다. 수백 명쯤 되는 궁수들은 도망쳤으나 그들의 지휘관과 더 많은 숫자의 궁수들이 포로로 잡혔다. 프랑스군은 자비를 보이지 않았다.[312] 다음날, 잉글랜드에서 온

311 "만약 잉글랜드군이 먼저 전투에서 압도하여 후퇴하는 프랑스군을 쫓아갔다면Et si Anglici, incaepto conflictu praestantes, Gallos retrogressos insequi ansi fuissent," 등등. 블롱델, iv. 7.

312 '여기저기에서 5백 명의 잉글랜드 궁수들이 가시덤불 지대에서 튀어나왔다. …그리고 무자비하고 사나운 프랑스군에게 무릎을 꿇고 활을 건넸지

사절들은 3,774명에 달하는 잉글랜드 병사들의 시체가 전장에 끝없이 널려 있는 광경을 봐야만 했다. 어떤 군대도 이 정도로 끔찍한 재앙은 겪지 못했다. 키리엘이 이끌던 병력 중 5분의 4 이상이 전사했다. 프랑스군의 피해가 어느 정도였는지는 확실치 않다. 프랑스 측에서는 그다지 중요치 않은 12명의 기사들을 잃었다고 말했지만 그 이상은 언급하지 않았다. 잉글랜드 역사가는 이를 냉소적으로 기술했다.[313]

> "그들은 몇 명의 병사를 잃었는지 말하는 대신 몇 명의 잉글랜드 병사를 살육했는지 발표했다. 사실 이는 이들이 잉글랜드군과 전장에서 싸워 이긴 거의 첫 번째 전투이기 때문에 그에 대해 크게 비난하지는 않겠다. 그러나 이들은 자신들의 영광으로 보일 수 있는 모든 사실을 숨김없이 내보였는데, 사실 조금 지나친 것 같기는 하다."

포르미니 전투의 교훈은 명확했다. 바로 에드워드 3세와 헨리 5세에게 승리를 안겨준 방어적 전술일지라도 이를 현명하게 사용하지 못하면 변을 면치 못한다는 사실이다. 게다가 프랑스군이 전쟁의 기술 면에서 많이 발전하여 더 이상 전투에서 큰 실수를 저지르지 않게 된

만 모두 검에 찔려 죽었다(아니면 한 명쯤은 도망갔다)Fusis enim Anglorum bellis robusti quingenti sagittarii in hortum sentibus conseptum prosiliunt … ac inexorabili Gallorum ferocitate, ut quisque genu flexo arcum traderet, [in sign of surrender] omnes (nec unus evasit) gladio confodiuntur.' 블롱델, iv. 8

313 리처드 그래프턴Richard Grafton, 헨리 6세 27년.

이 시기에는 더욱 그랬다. 사실 우세한 병력의 상대편과 싸우는 법, 그리고 샤를 7세의 규율 잡힌 칙령부대Compagnies D'ordonnance[314]에 대한 대처 방안을 고안해내지 못했더라면 잉글랜드군은 병력이 적었기 때문에 늘 패배할 수밖에 없었을 것이다. 아마 이러한 판단 때문에 위대한 탈보트 경은 마지막 전투에서 백년전쟁 내내 쓰이던 예전의 전술을 버리고 완전히 다른 공격 방식을 선택한 게 아닐까 싶다. 그래서 샤티옹Chatillon 전투(1453)의 양상은 기존의 잉글랜드군보다 스위스군의 전투 양상을 떠올리게 한다. 말에서 내린 중장기병들과 미늘창을 든 보병들이 종대를 형성하고 측면에는 궁수들이 배치된 게 그랬으며, 대포로 보호하고 있는 참호로의 돌격이 그랬다. 그리고 잉글랜드군은-마치 비코카 전투의 스위스군처럼-마침내 이러한 전투가 자신들이 감당하기에 너무 힘들고, 불가능을 성취하고자 시도하는 용감함은 재난만을 더 가져다 줄 뿐임을 깨닫게 되었다.[315]

잉글랜드가 결국 대륙에서 축출되기는 했으나 그렇다고 장궁의 강력한 지위마저 흔들리지는 않았다. 장궁은 아직도 휠과 레버가 복잡하게 얽혀 있는 어설픈 쇠뇌보다 훨씬 우월한 투척무기였다. 새로 발명된 핸드건Hand-gun[316]이나 화승총이 탁월한 효과를 발휘하는 15세

---

314 1445년에 샤를 7세가 설립한 상비군.◎

315 샤티옹 전투의 패배로 탈보트는 두 아들과 함께 전사했으며 잉글랜드는 칼레를 제외한 프랑스 안의 모든 지역을 잃게 됐다. 이 전투를 마지막으로 백년전쟁은 종료됐다.◎

316 원문을 직역하면 권총이 되겠으나 중세의 핸드건은 흡사 포를 축소한 듯한 길죽한 원통형 외양을 가진 휴대용 화기이며 현재 정의된 권총의 일반적인 모양과는 많이 다르기에 원문의 발음 그대로 기재했다.◎

기 말까지 장궁은 이 무기들에 비해 절대 뒤떨어지지 않았다. 당시 유럽 대륙은 장궁을 무척 선호했다. 용담공 샤를은 3천 명으로 이루어진 잉글랜드 궁병대를 자신이 거느린 보병대의 꽃으로 생각했다. 그보다 30년 전 프랑스 왕 샤를은 그의 새 의용군을 궁병을 중심으로 조직하고 해협 건너에 있는 적의 장궁병을 귀화시키려 했다가 헛수고로 돌아가는 일도 있었다. 스코틀랜드의 제임스 1세(1394~1437) 또한 비슷한 시도를 하다가 조롱을 당하고 포기하는 일도 있었다.

장미 전쟁

잉글랜드의 국가적 무기와 국가적 전술이 상치되면서 만들어진 이 거대한 투쟁의 시기보다 군사적 문제점이 더 흥미롭게 나타난 시기는 거의 없을 것이다. 그러나 장미 전쟁(1455~1485)은 역사가들 입장에서는 불행으로 다가온다. 다양한 군사 작전과 관련된 정확한 정보의 상당량이 사라졌기 때문이다. 이는 이전 시기 전쟁 관련 자료들이 풍부하게 남아 있는 것과는 대조된다. 우스터의 윌리엄William of Worcester, 워크워스Warkworth, 파비안Fabyan, 『크로이랜드 연대기 Croyland Chronicle』(15세기 후반) 연재자의 빈약한 기록, 그리고 존 휘섬스테드John Whethamstede[317]에 대해 성의 없게 대충 쓴 『에드워드 4세의 출현Arrival of king Edward IV』(15세기 후반)의 저자가 남

---

317 베네딕트 수도회의 대수도원장으로 장미 전쟁의 첫 전투가 벌어진 세인트 올번스를 관리했다.◎

긴 기록들은 무척 볼품이 없는데, 나중에 리처드 그래프턴Richard Grafton과 에드워드 홀Edward Hall이 이를 불충분하게나마 보충했다. 그러나 이 모든 사료들을 종합해 봐도 대부분의 전투들에 관한 상세한 내용은 알 수가 없다. 어떤 사료도 요크가나 랭커스터가 군대의 전투 시 배열을 정확하게 설명하지 못한다. 그러나 지금 우리가 알고 있는 내용보다 더 많은 역사적 사실이 있었음을 시사하는 자료는 충분히 남아 있어 더욱 한탄스럽게 만든다.

잉글랜드 군대의 전체적인 특징을 살펴보면 많은 사령관들이 상당히 많은 전술적·전략적 기술을 사용했다는 사실을 잘 알 수 있다. 그들은 군사 작전에서의 공격이나 방어 면에서 일반적으로 한 가지 형태의 전술에만 집착하지 않았으리라고 추측된다. 각각의 전투가 그 자체의 고유성을 가지고 있었는데, 이는 그에 적합한 전술이 적용되었기 때문이다. 세인트 올번스St. Albans에서 벌어진 격렬한 시가전(1455)은 헤지레이 무어Hedgeley Moor에서 산발적으로 벌어진 소규모 접전(1464)과 비슷한 점이 하나도 없다. 요크군이 노샘프턴Northampton(1460)과 튜크스베리Tewkesbury(1471)에서 유리한 방어 위치를 잡고 있는 랭커스터군을 향해 돌격한 전투는 타우턴Towton(1461)과 바넷Barnet(1471) 전투와는 비슷한 점이 전혀 없다. 블로어히스Bloreheath 전투(1459)에서 승리를 거머쥐게 한 탁월한 전술은 에지코트Edgecote 전투(1469)에서 승리의 요인이 된 무장에서의 우위와 대조된다.

에드워드 4세와 그의 통솔력

이 전쟁에서 많은 무훈들이 세워졌지만 그중 에드워드 4세 (1442~1483)의 훌륭한 지휘 능력은 단연 돋보였다. 열아홉 살에 이미 능력 있는 지휘관의 면모를 갖춘 에드워드 4세는 노샘프턴에서 측면을 '높은 둑과 깊이 파 놓은 해자'를 이용해 요새화 해놓고 대기하던 랭커스터군을 물리치는 공을 세웠다.[318] 1년 뒤, 그는 악천후와 엉망진창인 길에도 아랑곳하지 않고 해리퍼드에서 런던으로 신속히 진군하여 위기에 훌륭히 대처했다. 온갖 위험한 상황들에도 불구하고 수도로 신속히 진군한 결심 덕분에 그는 왕위를 차지할 수 있었고 전쟁의 절체절명의 순간을 자신에게 유리한 방향으로 끌어오는 데 성공했다. 그는 왕위에 오를 때와 같은 대범함과 성급함으로 그 자신을 다시 던져 넣었다. 주변인들이 배신을 하던 1470년 봄만큼 그의 신속한 실행력이 불러온 승리가 돋보이는 사례도 없을 것이다.[319] 물론 그가 바넷 전투나 튜크스베리에서 보인 지휘력 또한 이에 못지않게 훌륭했다.

---

318 에드워드 홀.

319 나라 전체는 불만에 차 있었기에-가을에 벌어진 사건이 이를 증명한다 (1470년 9월에 워릭 백작 리처드 네빌과 프랑스의 루이 11세, 그리고 랭커스터 가문의 연합군이 잉글랜드를 침공하면서 에드워드 4세가 네덜란드로 망명해야 했음을 말한다)-워릭 백작과 헨리 6세를 지지하며 봉기할 준비가 되어 있었다. 그래서 에드워드 4세가 링컨셔의 반란군을 진압하고 킹 메이커(요크가의 거물이었던 리처드 네빌이 랭커스터의 헨리 6세를 폐위시키고 에드워드 4세를 왕으로 만드는데 공을 세움으로써 갖게 된 별명. 그러나 이후 에드워드 4세가 그의 통제를 벗어나며 관계가 틀어지자 그는 랭커스터가와 힘을 합쳐 에드워드 4세를 공격한다)를 축출한 것은 주목할 만한 결과다.

요크에서 런던으로 진군하는 동안 적군을 간간이 마주치면서도 큰 피해 없이 도착한 것은 놀라운 성공이었다. 적군의 몇몇 사령관이 배반을 했다는 사실을 고려해도 그러하다. 바넷 전투에서 그는 전략뿐 아니라 전술적인 면에서도 능수능란했으며 안개 낀 날씨를 이용해 상황을 자신에게 완전히 유리하도록 바꿔놓았다. 이 전투에서 상대방의 허를 찌름으로써 예기치 못했던 기회를 잡는 일은 양쪽 모두에게 그리 쉽지 않았다. 이는 순전히 양쪽 지휘관의 능력에 달려 있었다. 이날 잉글랜드군은 에드워드가 미리 마련한 예비 병력 덕분에 좌익 병력이 무너져도 큰 타격을 받지 않았다. 반면 워릭 백작이 비슷한 공격을 좌익 쪽에 똑같이 받았을 때에는 타격이 상당히 컸기에, 이날의 승부를 결정짓게 만들었다. 워릭 백작의 전체 업적을 자세히 들여다보면 그는 전통적인 의미에서의 훌륭한 지휘관이라기보다는 배후에서 조종하는 데 뛰어난 정치적 인물, 즉 필리프 드 코민이 그를 평가했듯 '그의 시대의 가장 교묘한 사람le plus subtil homme de son vivant'이었다는 인상을 받을 수밖에 없다.

바넷과 튜크스베리

에드워드는 바넷 전투에서 승리한 후 마거릿 여왕(1430~1482)[320]

---

320 프랑스 앙주 가문의 차녀이자 헨리 6세의 아내로 정신병에 걸린 남편을 대신해 1453년부터 국정을 관리했으며 장미 전쟁이 시작되면서부터는 랭커스터가를 이끌며 에드워드 4세와 대립하였다.◎

이 남웨일스에 있는 그녀의 세력과 연락을 취하지 못하도록 방해함으로써 그가 짠 작전의 후반전을 시작했다. 왕이 글로스터Gloucester를 점령하자, 북쪽으로 진군하던 그의 적들은 자연스럽게 튜크스베리 쪽으로 향할 수밖에 없었고 도중에 세번 강을 건넜다. 랭커스터군이 치핑 소드베리Chipping Sodbury로 가는 시늉을 한 기만전술은 잘못된 판단이 아니었으나 에드워드가 워낙 빠르게 움직이는 바람에 수포로 돌아가게 되었다. 양쪽 모두 세력을 모아서 전략적 요충지로 최대한 빨리 가도록 보냈지만 왕이—비록 훨씬 더 멀리 떨어져 있었고 그가 진군한 코츠월드 고원도 무척 험준했으나—적군보다 먼저 도착하는 데 성공했다. 군대가 끼니 때 멈추는 일 없이, 게다가 행군하는 길에 물이 거의 없어서, 12시간에 한 번 정도밖에 목을 축일 수 없는 갈증에 시달리는 상황에서의 하루 32마일[321] 행군은 정말 놀라운 일이다.[322] 저녁 무렵, 왕은 랭커스터군으로부터 약 5마일[323] 밖에 떨어져 있지 않았다. 그때 랭커스터군은 완전히 지칠 대로 지쳐서 튜크스베리의 마을에 퍼져 있었다. 이들은 그날 밤 강을 건너지 못했기 때문에 다음날 싸울 수밖에 없었다. 병력의 반을 먼저 세번 강 너머로 보내고 나머지 반은 글로스터셔Gloucestershire 쪽에 두면 혹시라도 공격당했을 때 큰 위험이 닥칠 수 있기 때문이었다. 이에 따라 마거릿 여왕의 장군들은

---

321 약 51.5킬로미터.◎

322 에드워드는 첼트넘 지방의 스트라우드와 페인스윅 근처 우튼 언더 에지에서부터 행군하던 길 곁에 있는 스트로드워터에서 식수를 공급받은 것으로 보인다.

323 약 8킬로미터.◎

병력을 빼내 마을 남쪽의 둔덕 위에 배치시켰고 울타리와 높은 둑을 쌓아 놓아 위치적으로 유리한 고지를 점했다. 그러나 에드워드는 적군의 전열을 성급하게 치려고 시도하지 않았다. 대신 그는 대포를 가져와서 적군의 한쪽 날개에 집중포화를 퍼부었다. 이 날개 부분의 지휘는 서머싯Somerset 장군이 맡고 있었는데, 계속되는 포화에 분노한 그는 마침내 유리한 위치를 버리고 대포를 공격하러 언덕 아래로 뛰어 내려왔다. 그의 공격은 잠시 성공적으로 보였지만, 그가 이동함으로 인해 랭커스터의 진열에 치명적인 구멍이 생겼다. 중앙군은 이 구멍을 메우려는 생각을 하지 않았고,[324] 에드워드는 그의 본대를 이끌고 이쪽을 뚫고 들어와서 공격을 감행했다. 적군은 완전히 혼란에 빠져 튜크스베리의 막다른 길Cul-de-sac로 달렸고, 대부분 속절없이 당하다가 항복했다. 우리는 에드워드가 이 상황에서 구사한 전술이 센락 평원에서 노르망디공 기욤이 선보였던 것과 정확히 일치함을 알 수 있다. 그는 같은 실험을 한 것이다. 과거의 활을 단순히 대포로 바꾸었을 뿐이다. 이로써 적군은 요크군의 대포에서 피하기 위해서는 물러서거나 돌격을 하는 두 방법밖에 선택의 여지가 없었다.

---

324 서머싯의 이러한 행동은 중앙 부대의 지휘관이었던 웬록Wenlock 경의 배반에도 기여했다. 웬록 경은 사실 랭커스터군이 아닌 워릭 백작의 추종자였다. 그는 전진해오는 요크군에게서 도망쳐서 자신을 향해 올라온 서머싯의 목을 말 없이 전투 도끼로 날려버렸다.

타우턴 전투와 페리브릿지 전투

에드워드 왕은 의심의 여지없이 가장 훌륭한 사령관이었다. 동시에 우리는 (에드워드 왕의 휘하에 있던) 솔즈베리 백작Earl of Salisbury이 블로어히스Bloreheath 전투에서 보인 작전 능력을 높게 쳐줘야 한다. 그가 이끌던 요크군은 수적으로 열세였다. 그는 오들리Audley 경이 이 끄는 적군이 계속 다가오자 연거푸 뒤로 물러나는 모습을 보이면서 적 군이 방심하게 만들었다. 그러다가 적군이 개천을 건너면서 두 부분 으로 나뉘자 갑자기 돌아서서 따로 떨어지게 된 랭커스터의 부대를 두 번 강타했다. 타우턴 전투 전에 펼쳐진 작전(1461)[325]에도 철저하고도 뛰어난 지략이 깃들어 있다. 존 클리포드John Clifford[326]는 요크군의 진영을 공격하고 피츠월터Fitzwalter의 부대를 섬멸하는 대담한 시도 를 성공시켰으나, 승리감에 취해 본대로 돌아가는 클리포드에게 폴큰 브릿지Falconbridge[327]가 덤벼들어 순식간에 공격을 가하며 아침에 맛 보았던 패배를 오후에 승리로 갚음했다.

다음날 폴큰브릿지가 보여준 전술은 양쪽 군대가 모두 훌륭한 무기 를 갖추고 있을 때 어떻게 해야 승리를 가져올 수 있는지 여실히 보여 주는 사례라고 할 수 있다. 눈보라가 치는 날씨였기 때문에 양측은 서

---

325 페리브릿지 전투.◎

326 랭커스터가의 지휘관으로 마거릿 여왕의 강력한 우군이자 헨리 6세의 후원자였다.◎

327 파우콘버그Fauconberg, 혹은 윌리엄 네빌로도 불리며 요크가의 주요 지지자이자 전력이었다.◎

로를 잘 볼 수가 없었다. 따라서 그는 병사들에게 전진하면서 화살이 적에게 날아가 닿을 수 있는 한계점에서 멈추라고 명령한 후 그 지점에서 가장 멀리 나가는 가벼운 화살을 골라 적진을 향해 쏘기 시작했다. 랭커스터군은 머리 위로 날아오는 화살을 발견하자 적군이 사정권 안으로 들어왔다고 판단했고 이에 대항해 더 무겁지만 사정거리는 짧은 시프애로우Sheaf-arrow를 쏘았다. 이 화살들은 요크군으로부터 60야드[328] 떨어진 거리까지밖에 닿지 못했다. 30분 정도 지나자 랭커스터군은 화살을 거의 소진했다. 덕분에 워릭 백작과 에드워드 왕은 미늘창병Billmen대와 기병대를 이끌고 별다른 타격 없이 랭커스터군의 지척까지 전진할 수 있었다. 이러한 책략은 양측이 서로의 무장 수준과 전투 방식을 완벽히 알 수 있을 때만 쓰일 수 있는 종류였다. 여기서 우리는 자연스럽게 베수비오 전투(BC 340)에서 로마군이 과거의 동료였던 라티움 동맹의 병사들을 상대로 썼던 전술을 떠올리게 된다.[329]

이 시기 유럽 대륙에서는 중장기병들이 말에서 내려서 전투에 임하는 것이 보편화되어 있었는데 잉글랜드에서도 이러한 관행을 잘 알고 있었다는 증거가 많이 있다. 랭커스터가의 군대가 노샘프턴에서 패배한 것도 '기사들이 말을 뒤쪽으로 보냈기 때문에' 이들이 도망칠 수 없었기 때문이라고 알려져 있다. 비슷하게 워릭과 타우턴, 그리고―이

328 약 55미터.◎

329 로마에서 독립하고자 하는 라티움 동맹의 국가를 로마가 인정하지 않음에 따라 기원전 340년에 시작하여 2년 동안 치러진 라티움 전쟁에서 첫 번째로 기록된 전투.◎

둘보다 근거가 훨씬 약하기는 하지만-바넷에서도 이와 비슷한 양상이었다고 전해진다. 이러한 관습은 15세기 기사들의 주 장비에 포함된 폴액스Pole-axe[330]가 얼마나 중요했는지를 말해준다. 이 무기는 기사들이 땅에 내려와 싸울 때 특화됐기 때문이다. 폴액스가 그렇게 쓰인 사례들을 길게 여러 번 열거할 필요는 없을 것이다. 다만 비슷한 사례들 중 연대기 기록자들에게 가장 큰 인상을 남겼을 만한 장면은 밴버리Banbury 근처 에지코트 전투(1469)[331]에서 나왔다. 리처드 허버트 Richard Herbert 경[332]이 손에 폴액스를 쥐고 땅으로 내려와서 적에게 달려들어 자신이 이끄는 본대의 두 배나 되는 적을 상대로 용맹하게 싸우고 치명상 없이 돌아온 것이다. 그러나 이날 전투의 양상은 마치 궁병과 기병이 섞여 있는 군대에 창병이 맞섰던 예전 전투의 재현과도 같았다. 요크군에는 경장 부대가 전혀 없었고 궁병들은 홧김에 사령관인 스태포드Stafford 경과 함께 전장에서 빠지는 바람에 펨브로크 Pembroke 백작과 그의 북웨일스 병사들은 지원을 받을 수 없었다. 이는 자연스러운 결과로 귀결되었다. 요크가 왕실 군대의 유리한 위치 선정에도 불구하고, 반역 세력의 군대는 '화살을 쏘아 그들을 언덕에

---

330 중세에 여러 형태로 만들어진 긴 손잡이형 무기인 폴암의 일종으로 긴 대의 머리 부분은 도끼나 망치, 찌르기용 창, 스파이크나 훅 등의 2~3종 무기들을 조합한 형태를 갖고 있다.◎

331 리처드 네빌이 에드워드 4세에 대한 반란을 선언하고 처음으로 벌인 요크가와 요크가 사이의 전투.◎

332 에드워드의 왕실 요크가에 속한 펨브로크 백작. 에지코트 전투의 패배 후 사로잡혀 처형당한다.◎

서 골짜기로 순식간에 내려가도록 만들었고,'³³³ 무질서하게 퇴각하는 그들은 북부의 기병들에게 짓밟혀 버렸다.

전쟁 전체에서 양쪽 모두 대포를 일반적으로 사용했다. 특히 튜크스베리 전투와 루즈콧Lose-coat Field 전투(1470)에서는 대포가 승리를 결정지었다. 우리는 또한 바넷 전투와 노샘프턴 전투, 그리고 1462~1463년 북쪽 지역의 요새를 포위할 때도 대포가 쓰였다는 사실을 발견할 수 있다. 대포의 효력은 그보다 작은 화기들보다 훨씬 뛰어났으며 역사적 사료에도 대포 외의 다른 화기들에 대한 언급은 거의 없다.³³⁴ 장궁은 여전히 쇠뇌에 비해 우위를 점하고 있었으며 널리 알려진 전투들에서 제 역할을 다하고 있었다. 대표적으로 플로든 Flodden 전투(1513)³³⁵를 들 수 있다. 이 전투에서는 예전 폴커크 전투에서의 양상, 그러니까 저지의 파이크병들이 체셔Cheshire와 랭커셔 Lancashire 출신 궁병들의 활에 맞아 쓰러져야 했던 때의 양상이 재현되었다. 에드워드 6세(1537~1553) 때 일어난 케트의 반란³³⁶에서 우리는 화살 발사의 신속함과 독일이 지원한 화승총병 군단의 강력함을

333 그래프턴.

334 에드워드 4세는 1470년에 핸드건을 장착한 독일 병사들을 모은 작은 부대를 도입했다고 알려져 있다. 이보다 더 잘 알려진 것은 링컨 백작이 1487년 스토크 전투에 데려온 2천 명의 화승총병 부대다.

335 잉글랜드와 스코틀랜드 간의 전투로 잉글랜드 왕 제임스 4세가 교전 중 전사했으나 결국 잉글랜드의 승리로 끝났다.◎

336 농업 위기와 경작지 몰수에 반발하여 로버트 케트Robert Kett를 중심으로 한 노포크의 농민들이 1549년에 일으킨 대규모 반란으로 노샘프턴 후작과 워릭 백작의 군대에 의해 진압됐다.◎

목격할 수 있다. 심지어 엘리자베스 여왕(1533~1603) 시절에도 활이 국가적 무기로서 완전히 사라지지 않았다는 사실을 확인할 수 있다. 그러나 15세기의 잉글랜드 내전이 끝난 이후의 활의 이용도를 알아보는 일은 전술적으로 큰 의미가 없을 것이다.

잉글랜드군의 전투 방식은 유럽의 군사 과학 전반에 직접적인 영향력을 행사했으나, 이는 1450~1453년 사이 프랑스에서의 주도권을 놓치게 되면서 종결되었다. 잉글랜드가 다른 국가의 군대와 그렇게 빈번하게 충돌하는 양상은 그 후 거의 사라지다시피 했다. 장미 전쟁 때문에 잉글랜드군은 자신의 나라 안에 머물 수밖에 없었고, 전쟁이 종결되면서 즉위한 헨리 7세(1457~1509)의 정책[337]으로 그러한 경향은 계속 이어졌다. 헨리 8세(1491~1547)는 군대를 끌고 원정을 나가기보다는 외교를 통하거나 원조를 이용해 유럽 대륙에 영향력을 행사했다. 이로써 잉글랜드군이 14세기와 15세기에 보였던 독특한 특징은 16세기 후반에 들어오면서 전쟁 기술의 전체적 변화에 따라 자연스레 사라졌다.

337 장미 전쟁을 끝내고 요크 왕조를 시작한 헨리 7세는 내전이 막 끝난 시점에서는 내란을 막기 위해 내치에 집중해야 했으며 그 이후에는 재정을 확보하기 위한 세금과 무역, 상업 정책에 비중을 두는 경향을 보였다. 다만 1492년에 프랑스 왕 샤를 8세와 브리타니공이 전쟁을 벌이자 브리타니공을 지원하기 위해 군대를 파병한 적이 있다. 이 파병은 결과적으로 샤를 8세로 하여금 헨리 7세와 휴전을 맺는 대가로 매월 일정한 금액을 지불하는 것으로 정리됨으로써 헨리 7세에게 금전적 이득을 안겨줬다.◎

VII
결론

지금까지 우리는 유럽의 전쟁의 기술에 혁명을 불러온 핵심적인 두 개의 전술 시스템을 살펴보았다. 하나는 모르가르텐 전투에서 비코카 전투까지, 다른 하나는 폴커크 전투에서 포르미니 전투까지 연결된다. 이를 다루면서 우리는 우위를 점했던 무기가 군사적 효용성을 지닌 다른 형태의 훌륭한 무기가 발명되면서 어떻게 전투에서 밀려나게 됐는지 확인했다. 스위스군의 파이크병과 잉글랜드군의 궁병을 봉건 기사제를 전복시킨 장본인으로 묘사하기는 했지만—사실 봉건제 자체의 문제도 적지 않은 역할을 했다—유럽의 다른 지역에서 같은 결과를 초래한 다른 전술이 있었다는 점도 잊어서는 안 된다.

지슈카와 후스파

가장 특출한 사례는 후스 전쟁(1419~1434)[338]에서의 지슈카Jan Žižka와 그의 장군들이었다. 당시 보헤미아에서는 사회적, 종교적 격변 때문에 새로운 군사 실험이 시도되었다. 들끓는 애국심과 열정이 한 국가를 휩쓸고 지나가면서 무장봉기하게 된 이들은 독일인들을 에

---

338 복음주의와 청빈한 초기 기독로의 복귀를 주창한 종교개혁가 얀 후스 Jan Hus는 로마 가톨릭의 부패를 비판하다가 화형을 당하지만 그의 교리는 보헤미아 내 대부분의 기독교 신자에게 영향을 미쳐 후스파를 형성한다. 보헤미아의 민족 감정과 결합한 후스파는 가톨릭의 박해에 저항하여 반란을 일으켰으며 이에 교황 마르티노 5세(1369~1431)가 신성로마 제국의 지기스문트 황제(1368~1437)를 위시한 십자군을 동원하여 후스파를 탄압하면서 후스 전쟁이 발발했다.◎

르츠 산맥 밖으로 몰아내고자 했다. 이에 더해, 이들은 보편적인 인류애를 꿈꾸며 무력을 이용해 정의의 제국을 세우려 시도했다. 그러나 보헤미아의 모든 세력은 행군에 나설 준비는 되어 있었으나 어떻게 하면 독일의 압도적인 힘을 감당해낼 수 있을지 아직 확신하지 못했다. 만약 이 투쟁의 운명이 체코 귀족들의 창에 달려 있었다면 희망은 없는 것과 마찬가지였다. 그들은 수천에 이르는 독일의 봉건 군대에 맞서 겨우 몇 십에 달하는 병력만을 동원할 수밖에 없었기 때문이다. 규율이 잡히지 않은 소작농과 시민 무리가 케케묵은 전술에 따라 귀족들과 함께 출정한다 해도 루즈베크 전투에서의 플랑드르 보병대보다 나을 바가 없을 터였다. 그러나 이 강하고 투지에 불타는 무리를 다루는 문제는 운 좋게도 천재적인 한 남자의 손에 떨어졌다.

수레로 구축한 진지 전술

트로츠노바의 얀 지슈카는 전쟁 경험이 풍부한 데 더해 폴란드군에서 사병으로 싸우면서 겪은 게르만 기사들을 향한 증오심까지 품고 있었다. 그는 쇠로 만든 말뚝과 플레일Flail[339], 자루에 고정시킨 낫 같은 조잡한 무기를 든 전혀 훈련이 되지 않은 무리를 이끌고 출정하는 것은 미친 짓이라고 생각했다. 당시 보헤미아 사람들은 통일된 장비를 갖추지 못했고 국가적 전술 시스템 또한 없었다. 그러나 이들에게

---

339 짧은 막대기와 긴 막대기를 사슬류로 연결하여 긴 쪽을 잡고 짧은 쪽으로 상대를 가격하게끔 만든 무기.◎

는 강한 신앙심과 국가에 대한 민족적 열망이 있었기 때문에 전투에서 적이 눈앞에 나타나기만 하면 단결했고 충성을 다 바쳐 싸웠다. 후스파에게 가능한 단 하나의 방법은 최대한 버티면서 상대방의 군사적 능력치를 알아내고, 그들이 가진 무기에 맞설 방책을 찾는 것이었다. 전쟁이 시작되고 한 달 동안 곳곳에 참호가 만들어지고 마을들은 방어태세를 갖추었다. 하지만 이게 다는 아니었다. 지슈카는 동쪽 나라에서 군사 작전을 수행하면서 어쩌면 유용하게 쓸 수 있을지도 모를 군사적 장치를 발견했다. 당시 러시아인과 리투아니아인들 사이에서는 야영지를 울타리와 말뚝으로 완전히 감싸는 방식이 널리 쓰이고 있었는데 이 울타리와 말뚝이 되는 기둥은 이동과 설치가 용이했고, 그들은 자리를 잡는 곳마다 가져가서 설치하곤 했다. 러시아의 군주들은 이를 골리아이고로드Goliaigorod, 또는 움직이는 요새라고 부르며 자주 이용했다. 지슈카는 기둥과 말뚝을 수레로 교체해 길게 이었다. 처음에는 시골에서 수레를 공급받았으나 나중에는 순전히 군사적인 목적으로만 제작된 수레를 썼고, 수레들 사이에는 체인과 후크를 달아 더 튼튼하게 이어지도록 만들었다.[340] 이러한 전투 수레가 잘만 배치되면 기병 돌격이 완전히 불가능해진다는 사실은 자명했다. 아무리 갑옷을 단단히 입은 기사가 강력하게 몰아붙여도 오크나무로 만든 널빤지와 이를 이은 쇠고리 너머로 들어오기란 불가능했다. 이전까지 후스파에게는 독일 기사의 돌격이 가장 위협적이었는데 이를 막아내는 방법이 고안되었으므로 전쟁은 반 정도는 이긴 셈이나 다름없었다. 독일군

---

340 후스파의 뛰어난 전술에 대해 알고 싶다면 에르네스트 드니Ernest Denis가 쓴 『후스와 후스 전쟁Hus et la Guerre des Hussites』(1878)을 보라.

보병이야 얼마든지 상대할 수 있었다.

이런 지슈카의 전술을 보고 보헤미아군이 작전을 수행할 때 계속해서 방어적인 태세로만 일관했다고 생각할 수도 있겠으나, 실은 전혀 그렇지 않았다. 방어와 공격이 제대로 어우러지며 전투는 놀랄 만한 양상으로 전개되었다. 이 전투 수레를 담당하는 부대는 따로 있었다. 이들은 수레를 정확하고 신속하게 움직이도록 훈련받았다. 지시가 내려지면 원형이든, 사각형이든, 삼각형이든 바로 열을 맞춰 세웠고 일단 위치를 잡으면 바로 철수하여 자신들의 위치로 돌아갔다. 이 조직에서 수레는 하나의 유닛 역할을 했으며 운전사를 포함해 파이크병이나 플레일병, 그 외의 나머지 사람들은 투척무기를 들고 20명당 한 개의 소대가 되어 전투에 참여했다. 파이크병과 플레일병은 길게 늘어선 수레 뒤에 배치되었으며 투척무기를 든 병사들은 수레 위에 서서 적을 공격했다. 특히 지슈카는 처음부터 보헤미아군에게 화기 사용법을 가르쳤기에 얼마 후 3분의 1이 핸드건을 장착하게 됐고 강력한 대포도 동원되었다.

후스파 군대는 진군할 때 나름의 규칙이 있었다. 사방이 뚫려 있을 때는 다섯 개의 종대가 수평을 이루어 행군했다. 한가운데에는 기병과 포병이 있었고 각 측면에는 보병 예비대와 함께 두 개의 수레 부대가 배치되었다. 바깥에 있는 수레 부대는 기병과 포병 사이에 위치한 안쪽 수레 부대보다 대열이 더 길었다. 급습을 당할 경우 바깥쪽 수레 부대는 재빨리 퍼져 직사각형 대형의 긴 측면을 형성했다. 안에 있는 짧은 수레 부대는 재빨리 앞과 뒤로 튀어나와 직사각형 대형의 짧은 측면에 섰는데, 이렇게 하는 데 그리 오랜 시간이 걸리지 않았다. 대형을 형성한 후 몇 분 정도만 더 소요하면 후스파 군대는 전투 준비를 완벽히 마칠 수 있었다. 이러한 대형 전환이 효율적으로 정확히 이루어진 덕분에 보헤미아 군대는 독일군 한가운데에 들어가서 잠시 몇 부분으로 흩어진다고 하더라도, 절체절명의 순간이 오기 전까지 평상시 대형으로 다시 설 수 있었다. 유일한 위협은 상대편이 포탄을 쏴서 수레를 파괴하는 것이었으나 후스파 군대는 대포를 충분히 갖췄기에 상대편 대포를 무리 없이 무력화시켰다. 이전까지 라아거Laager[341]를 사용한 전술 중 이렇게 완벽한 사례는 없었다. 만약 후스파 군대의 이러한 전술적 승리를 눈으로 확인하지 않았다면, 우리는 아마 현대의 군대에서 특징적으로 볼 수 있는 질서정연한 기동력에 기대 승리를 거두는 시스템이 중세의 군대에서도 가능하리라고는 믿지 못했을지도 모른다.

15세기 보헤미아는 마치 17세기의 잉글랜드[342]처럼, 광적인 투지가 무질서가 아니라 엄격한 규율로 나타났다. 국가 전체는 두 개의 교구로 나뉘어 있었고 양쪽에서 번갈아 가면서 모든 성인 남자들을 전장으로 내보냈다. 한 교구에서 성인 남자 절반이 전장에 나가면, 나머지는 집에 남아서 이웃의 농지를 돌봤다. 이렇듯 모든 남성을 군인으로 만드는 굉장히 광범위한 징병제가 시행되었기 때문에 규모가 큰 국가가 아니었는데도 많은 병력이 전투에 투입될 수 있었던 셈이다.

---

341 짐마차 등을 빙 둘러서 형성한 방어진지.◎

342 철기군을 거느린 호국경 올리버 크롬웰(1599~1658)과 의회파가 잉글랜드 내전에서 왕당파를 진압하고 청교도 법령을 통해 엄격한 군사독재를 펼치던 시기를 일컫는다.◎

후스파의 우위와 쇠퇴

지슈카가 거둔 초반의 승리들이 전혀 예상치 못하고 충격적이어서 적들은 적잖이 놀랐다. 수적인 불균형과 후스파 군대가 전투 경험이 미숙하다는 점을 알고 있기 때문에 더욱 그러했다. 그러나 독일군은 새로운 형태의 전술에 취약할 수밖에 없는 틀에 박힌 봉건적 전술을 버리는 대신 단순히 병사의 숫자만을 늘렸으며, 이들은 지기스문트(1368~1437)가 처음 프라하를 치러 이끌고 간 병사들과 같은 운명을 맞았다. 지슈카가 특유의 전술을 더 탄탄히 발전시켜감에 따라 전투는 후스파 군대에게 유리하게 흘러갔다. 독일군의 침공은 계속해서 실패했다. 일단 보헤미아 군대가 눈앞에 나타나면 독일군 지휘관들은 병사들의 동요를 진정시킬 수 없었기 때문이었다. 그들은 후스파의 파이크와 플레일에 맞서기를 두려워했으며 후스파가 줄지어 선 수레에서 뒤로 멀리 떨어져 있을 때도 곧 공격해 오리라고 믿었다. 후스파는 자신들의 우월함에 무척 고무되었기에 때때로 말도 안 되게 무모한 공격을 감행하기도 했으나 많은 경우 성공을 거두었다. 적군은 후스파에게 심한 공포감을 갖고 있었기 때문에 후스파는 전투 시 모든 상황이 불리함에도 불구하고 수적 우위에 있는 적군에게 공격을 감행하여 승리를 거두곤 했다. 고작 수천에 불과했지만 강력했던 부대가 보헤미아 산악 지형으로 형성된 천연의 요새에서 출격을 감행하여 바이에른, 마이센, 튀링겐, 그리고 실레지아를 별다른 저항 없이 초토화시켰다. 이들은 이들에 의해 황폐해진 지역을 뒤로 한 채 수레에 동부 독일에서 취한 전리품을 잔뜩 싣고 별 탈 없이 고향으로 돌아왔다. 지슈카가 죽은 후에도 오랫동안 그의 전술은 약화되지 않았고, 그의 후임 자들 역시 전쟁 초반에는 절대 불가능해 보였던 성과를 낼 수 있었다.

리판 전투

마침내 티보르파[343]가 패배했을 때, 이는 보헤미아인들의 내분 때 문이지 전술의 효력이 약화된 탓이 아니었다. 프로코프 벨리키Prokop Veliký[344]가 전사하고 강경파가 몰살당한 리판Lipan 전투(1434)는 독일 군이 아니라 체코의 온건 세력에 의해 패배한 결과였다. 이 싸움은 수 레 전술의 약점과 타보르파의 과도한 자신감을 그대로 드러냈다. 프 로코프가 둥그렇게 에워싼 수레에 가해진 공격을 쳐냈을 때, 그의 병 사들이—이들이 상대하는 게 만나기만 하면 공포에 떨던 예전의 그 적 군이 아니라 한때 동료였던 병사들이라는 사실을 잊고—방어벽을 쳐 둔 자리를 떠나 퇴각하는 무리를 향해 돌격한 것이다. 이들은 그때까 지 겁에 질린 독일군을 이런 방식으로 패퇴시키는 데 익숙했기 때문 에, 이 방법은 오직 사기가 떨어져 도망가는 적에게만 먹힌다는 사 실을 잊었다. 더구나 수레 방어선으로부터의 이탈은 그때까지 이들 의 승리를 담보한 방어적 전술 시스템의 이점을 모두 저버림을 의미

---

343 후스파 내에서 가장 급진적인 성향을 보인 파벌로 농민 공동체 사회를
이루고 있으며 지슈카 사후 사상의 차이로 후스파 내 온건 성향인 양형영성
체파와 내전을 벌인다.◎

344 원래 양형영성체파였으나 타보르파에 귀의하여 얀 지슈카 사후 군사지
도자로 활약했다.◎

했다. 수레 요새는 적을 격퇴시키는 데 효과적이기는 했어도 질서정연하게 퇴각하는 적군을 공격하는 데는 별 도움이 되지 못 한다는 약점이 있었다. 하지만 그렇다고 해서 지슈카를 비난할 수는 없는 것이, 그는 애초에 확실한 승리를 거두기 위해서가 아니라 처참한 패배를 막기 위한 방법으로 이 전술을 고안했기 때문이다. 리판 전투에서 온건파는 밀리기는 했으나 전멸하지는 않았다. 따라서 타보르파가 사방이 트인 땅으로 나왔을 때 퇴각하던 온건파 군대는 뒤로 돌아 다시 전투 태세를 취했다. 이들은 프로코프보다 기병을 훨씬 더 많이 가지고 있었고 이 기병들은 수레를 떠나온 보병들과 수레 사이의 공간으로 들어왔다. 그 결과 타보르파 병사의 4분의 3은 적에게 둘러싸이게 됐으며 수적으로 열세였기 때문에 공격을 받으면서 여기저기 산산이 흩어졌다. 수레 요새 뒤에 남아 있던 겨우 몇천 명의 병사만 가까스로 도망칠 수 있었다. 이는 전투에서 무조건적인 승리를 거둘 수 있도록 고안된 게 아니라 정치적인 필요에 의해서 만들어진 전술 시스템은 흠이 있기 마련이라는 사실을 잘 보여준다.

리판 전투의 교훈은 헤이스팅스 전투의 교훈과 같다. 완전히 방어적인 전술은 능력 있고 장비를 충분히 갖춘 지휘관이 충분한 병력을 이끌고 나타나면 희망이 없다. 만약 독일의 군주들이 능력 있는 장군이고 병사들의 규율이 잘 잡혀만 있었다면 지슈카와 프로코프는 활약하지 못했을 것이다. 허접한 전략과 공포가 합쳐져 후스파 군대를 무적으로 보이게끔 했다. 그러나 이들도 합리적인 전술을 갖춘 적을 만나면 다른 군대들처럼 어쩔 수 없이 전쟁의 논리에 따르게 될 수밖에 없었다.

오스만 제국, 그리고 예니체리군의 조직과 장비

지슈카의 보병들이 플레일과 총으로 독일의 기사들을 섬멸하던 무렵, 동유럽 지역에서는 또 다른 보병대가 두각을 나타내고 있었다. 발칸 반도의 전장에서 슬라브족과 마자르족은 오스만 제국 술탄의 노예 병사들이 얼마나 무서운지 깨닫는 중이었다. 코소보 전투(1389)[345]는 긴가민가한 정도였지만, 니코폴리스 전투에서는 서유럽에서처럼 기사가 우위를 점했던 시대가 이제 저물었음이 증명되었다. 무라트(1326~1389)와 바예지트(1360~1403)의 예니체리Yeñiçeri[346]는 몰아치는 기병 돌격에도 꿋꿋하게 버텼으며 병력의 희생이 있기는 했으나 번번이 기병을 격퇴시켰다. 크레시 전투와 아쟁쿠르 전투에서 승리를 가져다준 전술을 동방에서도 볼 수 있다는 점은 무척 흥미롭게 다가온다.

예니체리군의 승리는 궁병을 이용해 승리를 거둔 잉글랜드군의 승리 방식과 똑같았다. 이들의 강력한 무기는 활이었는데 서유럽에서 썼던 장궁과 완전히 같지는 않았지만 그럼에도 불구하고 매우 효과적인 무기였다. 또한 눈여겨볼 만한 점은 이들이 잉글랜드 궁병들이 그

---

345 중세 세르비아 왕국과 오스만 제국이 발칸 반도의 통상로인 코소보의 평원에서 치른 전투로 세르비아군의 기병 돌격이 막히고 세르비아 왕 라자르(1329?~1389)가 전사했으며 오스만이 승리하여 세르비아를 종속국가로 만들었다.◎

346 기독교 노예 청년이나 죄수들을 중심으로 만들어진 엄격한 정예부대로 1826년에 해체될 때까지 450여 년 동안 지속되었으며 후기로 가면서 주요 구성원이 정통 무슬림으로 바뀌었다.◎

랬듯 항상 말뚝을 지니고 다니면서 기병의 공격이 예상되는 전투에서는 맨 앞열 앞에 박아놓았다는 점이다. 튀르크군을 괴롭힌 기병 돌격이—특히 니코폴리스 전투와 바르나 전투(1444)에서—예니체리군이 만들어놓은 말뚝 울타리와 그 너머에서 날아오는 치명적인 불화살 공격에 결국 무릎을 꿇었다는 소식이 거듭 들려왔다.

예니체리의 장비는 무척 단순했다. 방어구는 따로 갖추지 않았으며 단순히 뾰족한 펠트 모자와 무릎까지 오는 회색 튜닉[347]이 전부였다. 활과 화살집 외에 한쪽에는 샴쉬르를 차고, 한쪽 허리에는 터키식 단검Handjar, 혹은 롱나이프를 장착했다. 예니체리군은 근접전에서 어마어마한 위력을 보여주었으나 사실 이들은 근접전에 적합하게 만들어진 군대가 아니었다. 이들이 보호장비를 갖추고 있지 않았다는 것만 봐도 백병전에 쓰이기 위해 구성된 게 아니라는 사실을 알 수 있다. 그리고 흥미로운 점은 파이크를 전혀 쓰지 않았다는 점이다. 잉글랜드의 궁수들과 마찬가지로 이들은 방어하는 상황이나 기병 돌격을 보완하기 위해 배치됐다.

티마를르 기병대

동쪽 지역 국가들은 파르티아인들이 장악하던 시기 이래 계속해서 대규모 기병대를 활용했고 그들은 늘 전열의 한가운데서 적의 압박에

---

347 속옷을 의미하는 라틴어 튜니카Tunica에서 파생된 말로 소매달림이나 소매가 없는 통자로 된 느슨한 의복.◎

버텨줄 수 있는 굳건한 보병대가 없다는 게 약점이었다. 기병은 오직 공격에만 쓸모가 있었으나 지휘관은 때때로 방어적인 방식으로 싸울 필요가 있는 법이다. 이때 오르한 1세(1326~1362)[348]가 예니체리를 만들고 훈련시켜 두 가지에 모두 특화된 군대가 탄생하면서 오스만 제국군은 문제를 해소할 수 있었다.[349] 그러나 튀르크군의 상당수를 차지하는 티마를르Tımarlı 기병[350]은 동방의 다른 국가들과 별다르지 않았다. 이들의 패배는 흔한 일이었다. 찰드란 전투(1514)[351]에서는 샤 이스마일(1487~1524)[352]의 페르시아 기병들에게, 라다마Radama 전투에서는 맘루크군에게 무너졌다. 그러니 만약 튀르크의 술탄이 오직

348　오스만 군후의 두 번째 지도자로 비잔티움 침공과 세르비아 왕국 정복 등의 확장 정책과 내부 제도 정비로 집단에서 본격적인 국가로 전환되는 과정의 오스만 왕조 시대를 만들었다.◎

349　학자에 따라선 오스만 제국의 3대 술탄인 무라트 1세(1284~1359?)가 만들었다고도 한다.◎

350　오스만 제국의 기병은 크게 황제의 근위대인 카프쿨루와 군복무에 따라 토지를 받는다는 점에서 중세 유럽의 봉건 기사들과 흡사한 티마를르로 이루어졌다.◎

351　확장 정책을 고수하던 오스만 제국과 이란 지역을 지배하던 시아파 사파비 왕조가 맞붙은 전투로 사파비 왕조의 기병들은 오스만의 기병들을 뚫고 들어갔으나 오스만군 측 장비의 우월, 그리고 예니체리와 포병대의 공격에 밀려 오스만 제국의 승리로 끝났다. 그러나 결과적으로는 양측 다 큰 피해를 입었다.◎

352　사파비 왕조의 초대 왕으로 티브리즈와 이란 고원 북부 등을 점령하여 향후 제국으로 발전하는 왕조를 세웠다. 찰드란 전투의 패배 이후 절치부심했으나 성과를 거두지는 못했다. 사파비 왕조는 아랍어가 아닌 페르시아어를 사용했기에 군주를 가리킬 때 술탄이 아닌 샤로 지칭된다.◎

봉건 기병만을 이끌고 서유럽의 봉건 기병에 맞섰다고 한다면, 그들의 발칸 반도 점령에 대한 납득할 만한 설명을 내놓기가 어려울 것이다. 14세기의 헝가리인들은 자신의 영토에서 공격받았을 때-세르비아인도 마찬가지로 보이지만-오스만 제국군보다 수적으로 보나 개개인의 능력 면으로 보나 더 우월한 기병을 내보낼 수 있었다.[353] 그러나 세르비아와 헝가리군에는 페르시아나 맘루크 군대와 같은 믿음직한 보병대가 없었다. 규율이 잘 잡힌 예니체리군 앞에서 이들은 어설프게 무장한 혼란스러운 무리에 불과했다. 바로 이러한 점에서 우리는 술탄이 거둔 훌륭한 승리를 눈여겨봐야 한다. 전투가 아무리 예측할 수 없이 흘러도 예니체리는 말뚝 뒤에서 바위처럼 버티고 서 있었고, 과연 쓰러지거나 할지 의심스러울 정도였다. 그들은 계속해서 승리를 거두었다. 그렇지 못한 몇몇 전투에서는 적어도 자신의 자리에서 죽음을 맞이하여 부대의 명예를 지켰다. 처절했던 앙카라 전투(1402)에서는 튀르크군이 도망가고 나서도 한참 후까지도 버티면서 죽음을 택했다.[354] 이들보다 더 굳건한 부대는 유럽의 어떤 지역에서도 찾아볼 수 없었다.

---

353 코소보에서의 첫 번째 전투에서 우리는 세르비아와 보스니아의 연합군이 튀르크군의 군대보다 수적으로 많았다는 것을 알 수 있다.

354 유목 국가로 정복 정책을 펴던 티무르 제국이 오스만 제국과의 갈등 끝에 기병대로 앙카라를 순식간에 점령하자, 오스만 제국은 도시의 수복을 위해 앙카라로 회군 후 선공을 걸었다. 그러나 긴급한 행군을 감행했던 오스만군의 피로, 그리고 오스만 제국의 확장 정책에 불만을 품은 튀르크 지역 파견 병사들이 오스만군에서 이탈하며 병력이 약화되어 패배했다. 이 전투에서 오스만 술탄 바예지트 1세는 포로가 됐으며 이듬해 사망했다.◎

아마 오스만 제국군의 전투 중 전술가들의 관점에서 가장 흥미로운 사례는 두 번째 코소보 전투(1448)일 것이다. 이는 튀르크군에게 무턱대고 달려든-바르나Varna(1444)[355]와 모하치Mohacs(1526)[356]에서처럼-성급한 결정이 아니었다. 헝가리군의 후녀디 야노시Hunyadi János는 오랜 경험으로 그의 적이 구사하는 전술에 대해 잘 알고 있었고, 술탄 무라트의 기존 방식에 효과적으로 대응하려 했다. 그는 예니체리를 제압하기 위해 부대 중앙에 독일군 보병을 세웠다. 이들은 후스파가 도입한 핸드건을 장착했다. 양익에는 헝가리 기병을 배치해 티마를르의 거대 기병 부대를 맡도록 했다. 이러한 전열 배치 덕분에 두 군대의 중앙은 서로를 마주보고 오랜 시간을 대치하느라 어느 한쪽도 더 전진하지 못했다. 그러나 쇠뇌와 핸드건을 든 양쪽 편의 사병들은 개별적으로 서로를 쏘며 공격을 지속했다. 그러는 동안 양익의 기병들은 서로를 향해 전력을 다해 돌격했다. 이러한 상황이 다음날까지 이어졌다. 마침내 후녀디의 왈라키아 동맹군이 오스만 제국군의 공세에 못 이겨 항복하고 중앙에 있던 기독교군 또한 패주하였다. 전

---

355 헝가리와 폴란드 연합군이 비잔티움 제국 내 바르나 부근에서 오스만 제국군과 맞붙은 전투. 초기에는 연합군이 승기를 잡았으나 오스만 제국이 무너지지 않고 공세를 강화하는 와중에, 헝가리군 사령관 후녀디 야노시의 충고를 무시하고 기병대와 함께 적진으로 돌격한 헝가리 왕 브와디스와프 3세(1424~1444)가 전사하면서 전투는 오스만 제국의 승리로 끝났다.◎

356 헝가리 왕국과 오스만 제국이 모하치 평원 주변에서 맞붙은 전투로, 헝가리군은 군대를 나눠 전투력을 집중시키지 못한 상태에서 전통적으로 기병대가 강력한 오스만 제국에게 기병대로 맞서는 전략을 택함으로써 패배했다. 이 전투를 기점으로 독립국으로서의 헝가리는 멸망했으며 이후 4백여 년이 지난 1918년이 되어서야 단일국가로서 역사에 재등장하게 된다.◎

투는 치열하게 전개되었기에 헝가리군의 절반, 그리고 무라트 군대의 3분의 1이 전장에서 사라졌다. 이 전투의 전술적인 의미는 뚜렷하다. 바로 훌륭한 보병을 갖추면 비록 오스만 제국의 군대를 이길 수는 없을지라도 대항해서 오랫동안 버틸 수 있다는 것이다. 그러나 당시 이들은 이 교훈을 완전히 깨닫지 못했고, 16세기 들어 군사 전술의 혁명적인 발전이 있은 후에야 오스만 제국의 군대에 대항하는 데 보병이 두드러진 역할을 할 수 있다는 사실을 받아들였다. 란츠크네히트, 그리고 카를 5세(1500~1558)와 오스트리아 페르디난트 1세의 화승총병은 규율 없고 용감하기만 한 헝가리의 경기병[357]보다 훨씬 더 강력한 상대라는 게 증명되었다. 이는 서유럽 지역에서 파이크를 이용한 전술이 완벽하게 발전된 덕이 크다. 파이크를 전혀 도입하지 않았던 튀르크군은[358] 전적으로 화기에만 의존했기에, 파이크와 화승총을 모두 갖춘 군대에게 상대가 되지 않았다.

예니체리군이 상대적으로 일찍 화승총Firelock을 사용했다는 점은 주목할 만하다. 이는 아마 코소보 전투에서 후녀디의 핸드건이 꽤 효과적임을 목격한 후 쇠뇌 대신 이 새로운 무기를 도입한 것으로 보인다. 아무튼 오스만 제국군은 화승총이 유럽 전역에서 쓰이기 훨씬 전에 이를 완전히 정착시켰고, 이는 그보다 더 동쪽에 위치한 국가들보

---

357 15세기 중반 무렵에는 이미 후사르Hussars로 알려져 있었다.

358 몬테쿠콜리Montecuculi(신성로마 제국 총사령관이자 군사학자)에 의하면 튀르크군은 17세기에 들어와서도 한참동안 파이크를 도입하지 않았다고 한다.

다 거의 한 세기나 앞선 것이었다.[359]

술탄들은 대포의 유용성을 진작부터 알고 있었다. 아마 메흐메트 2세가 콘스탄티노폴리스를 점령했을 때가 대포의 위력을 처음 깨달은 순간일 것이다. 이전에 이용하던 화기들은 이보다 위력이 약하여 이 점령자의 공성 포열이 거둔 성취에 비견될 만한 성과를 거두지 못 했다. 몇 세기 후 예니체리의 화승총 대열은 줄줄이 연결된 야포Field-pieces의 지원을 받아 기병의 돌격을 효과적으로 막을 수 있었다.[360] 이 장치는 마르즈 다비크(1516)[361]와 찰드란에서 그들의 기병 수를 넘어서는 우월한 적에게 맞서 큰 성공을 거뒀다고 전해지고 있다.

유럽의 다른 나라들

튀르크군의 우위는 결국 몇 가지 요인이 합쳐져 끝나고 말았다. 가장 큰 이유는 중부 유럽에서 규율이 잘 잡힌 보병으로 이루어진 상

---

359 우리가 콰이트베이가 무너진 과정을 믿을 수 있다면 1517년경 맘루크에게 화승총과 대포는 신식 무기였던 것으로 보인다(콰이트베이는 맘루크 왕조의 술탄 콰이트베이(1416/1418~1496)가 오스만군의 공격을 막기 위해 자신의 이름을 따서 해안선에 세운 요새이며 1517년은 오스만 제국에 의해 맘루크 왕조가 멸망한 해다).

360 잉글랜드의 리처드 3세(1452~1485)는 이 방책을 보스워스 전투(1485)에서 채택했다고 전해진다.

361 오스만 제국과 맘루크 왕조 간의 전투로 전투 결과 맘루크 측이 전멸에 가깝게 패배하고 맘루크 왕조가 멸망했으며, 시리아와 이집트 지역은 오스만 제국의 일부로 편입된다.◎

비군이 부상했기 때문이었다. 하지만 오스만 제국군이 쉴레이만 1세 (1494~1566)[362]의 치세 이후 군사 기술의 발전에 있어 동시대 다른 국가들에 비해 뒤떨어진 현실도 한몫했다. 또한 기독교 국가들의 국경이 예전의 베오그라드(1456)[363]가 그랬듯 하나의 동떨어진 요새에 의해 방어되는 게 아닌, 두 겹, 세 겹의 강건한 마을로 둘러싸여 튀르크군이 신속하게 침입해 들어오는 게 힘들어졌고, 이전 세기처럼 전투 한 번이나 포위 한 번으로 좋은 결과를 내기가 불가능해진 탓도 분명히 있다.

동유럽의 다른 국가들의 전쟁에 대해서 굳이 오래 들여다 볼 필요는 없다. 러시아의 군사 역사는 그 자체로 흥미롭기는 하지만, 전쟁의 기술이 진보하는 데 있어 그다지 큰 영향을 미치지는 못했다. 그보다 훨씬 중요한 남서유럽에서의 새로운 전술들에 대해서는 이미 에스파냐와 스위스의 보병, 그리고 그들의 적들에 대해 다룬 장에서 논한 바 있다.

362　오스만 제국의 10대 술탄으로 수많은 군사적 업적을 통한 영토의 확장, 법치의 확립과 함께 스스로 문화와 예술의 중흥을 이끌며 제국의 최전성기를 만들었다.◎

363　후녀디 야노시가 생전에 마지막으로 치른 전투로, 그는 오스만 제국이 포위한 베오그라드로 뚫고 들어가 공성전을 지속하다 성의 구조를 활용하여 적을 역포위 섬멸했고 이어서 농민군의 과감한 역공이 이뤄져서 승리했다. 여기서 배경이 된 베오그라드성은 궁전과 군사 진지가 마련된 거대한 상부 마을, 이중 벽, 하부 마을, 다뉴브 항구 등으로 구성된 매우 복잡한 구조로 축성되어 오스만군을 소모전으로 이끈 주요한 원인이 됐다.◎

맺음말

　정말로 중요하고 고려해야 할 모든 시스템은 이미 다 논했다. 봉건 기사의 우위가 저물어가면서 충격 전술[364]과 투척무기에 기반한 전술이 각각 자신의 역할을 했다. 물론 둘 중 어느 것이 더 효과적이었는지는 단언하기 힘들다. 이 둘은 자신의 역할을 훌륭하게 해냈다. 그래서 온 유럽을 지배했던 체제의 군사적 막강함은 산산조각 났다. 이제 전쟁의 효율성 추구는 더 이상 어떤 한 계층에게만 해당되는 사안이 아니라 온 나라의 중요한 문제가 되었다. 전쟁은 봉건 기사들이 즐거움을, 나머지 사회 구성원들은 폐허를 발견하는 일이 아니게 된 것이다. '전쟁의 기술'은 다시 한 번 생생한 현실이 됐다. 이제 전술은 전통을 그대로 따르는 게 아니라 실험적으로 이뤄지게 됐으며 16세기에는 그러한 실험이 활발히 이루어져 새로운 전술과 변용된 전술이 계속해서 나타났다. 중세는 마침내 끝났다. 그리고 고무적이고 과학적인 근대 정신이 전쟁의 양상을 완전히 바꾸었으며, 이제 중세의 전쟁 기술은 전투에서 고대 로마나 그리스의 전성기에 구사하던 작전보다도 더 찾아보기 어렵게 되었다.

364　빠른 기동을 통해 적을 심리적 압박하에 두는 전술로 중장기병의 돌진과 중장보병의 지근거리 전투 등이 해당된다.◎

이 도서의 국립중앙도서관 출판예정도서목록(CIP)은 서지정보유통지원시스템 홈페이지(http://seoji.nl.go.kr)와 국가자료공동목록시스템(http://www.nl.go.kr/kolisnet)에서 이용하실 수 있습니다. (CIP제어번호 : CIP2018027400)

중세의 전쟁 378~1515

초판 1쇄 발행 | 2018년 9월 19일
2판 1쇄 발행 | 2018년 10월 5일

지은이 | 찰스 오만
옮긴이 | 안유정
감수 | 홍용진
펴낸이 | 유정훈
책임편집 | 유정훈
디자인 | 김이박
인쇄·제본 | 두성P&L

펴낸곳 | 필요한책
전자우편 | feelbook0@gmail.com
트위터 | twitter.com/feelbook0
페이스북 | facebook.com/feelbook0
블로그 | blog.naver.com/feelbook0
팩스 | 0303-3445-7545

ISBN | 979-11-958719-6-4 03920